数字化教、学资源研究丛书

天津市哲学社会科学规划课题"基于有效促进青少年身体健康的初中《体育与健康——运动实践》数字资源开发与实证研究"（项目编号 TJTY19-011）资助

体育微课的开发 与教学应用研究

齐　芳　熊会安　著

U0361948

南开大学出版社

天　津

图书在版编目(CIP)数据

体育微课的开发与教学应用研究 / 齐芳，熊会安著
. —天津：南开大学出版社，2023.12
（数字化教、学资源研究丛书）
ISBN 978-7-310-06582-0

Ⅰ.①体… Ⅱ.①齐… ②熊… Ⅲ.①体育课－教学
研究－初中 Ⅳ.①G633.962

中国国家版本馆 CIP 数据核字(2024)第 017588 号

体育微课的开发与教学应用研究
TIYU WEIKE DE KAIFA YU JIAOXUE YINGYONG YANJIU

南开大学出版社出版发行
出版人:刘文华
地址:天津市南开区卫津路 94 号　　邮政编码:300071
营销部电话:(022)23508339　营销部传真:(022)23508542
https://nkup.nankai.edu.cn

天津泰宇印务有限公司印刷　全国各地新华书店经销
2023 年 12 月第 1 版　　2023 年 12 月第 1 次印刷
260×185 毫米　16 开本　14 印张　323 千字
定价:68.00 元

如遇图书印装质量问题,请与本社营销部联系调换,电话:(022)23508339

前　言

小时候听老师讲《卖火柴的小女孩》。随着一根根火柴由燃烧到熄灭，我变得泪水婆娑，感受到老师在知识内涵引领中的作用和力量。作为母亲在陪伴女儿 4 年网球专业训练中，我体会到体育运动中动作的规范，在人运动技能形成过程中的重要意义和价值。机缘所致，2003 年岁末，我以一名教育技术专业教师进入天津体育学院任教。从此我开始潜心于如何利用信息技术，以画面为途径，来合理表达体育运动中技术动作的原理与规范，能够使学生在数字化学习情境中获得更好的学习效果。

本书源于我主持的天津市哲学社会科学规划课题"基于有效促进青少年身体健康的初中《体育与健康——运动实践》数字资源开发与实证研究"（项目编号 TJTY19-011），也是该课题的结项专著。

促进青少年体质健康是我国学校体育教育的根本任务。在教育由信息化向数字化转型的今天，体育教育数字化变革的核心问题一是数字化体育教育、教学理念；二是建设适应泛在学习的优质的数字化体育教、学资源。体育微课是按照学科分类的一种微课类型，是数字化体育教学资源的一种重要形式。它以内容精练且有针对性、使用方便且制作工具容易上手等特点越来越受到一线体育教师以及体育教育研究者的关注。它的出现弥补了教师自身运动能力不能全覆盖体育课程内容的缺陷，也促进了体育学习方式的变革，使线上、线下混合体育学习成为可能。然而，目前的体育微课开发从设计到制作还未有相对规范的方法，造成目前体育微课质量不高、数量不足。本书是以初中体育与健康课程内容为基础，在不断的开发体育微课的实践和体育微课的应用研究中，探究体育微课的内容安排、画面表达的特征与规律、制作过程中的方法，以及应用特点。进而归纳总结并形成体育微课的开发规范。本书内容不仅是课题研究成果的总结和提炼，同时也可作为体育微课开发等相关课程教材和参考书。供高校相关专业、一线体育教师、体育微课开发爱好者、体育教学数字化资源建设研究者等使用。

1. 体育微课的开发规范

第一，在原有体育微课概念的基础上，更深入地对体育微课概念进行了修订；第二，以体育教育学、心理学、教育技术学等相关学科的理论和研究成果，构建了体育微课设计规范的理论框架；第三，根据多年的开发经验，以体育微课的开发现状、概念、分类，确定了不同体育微课类型的设计要素以及要素设计特征；第四，根据学习者不同学段、不同学习特征，提出了体育微课画面的呈现形式和呈现的技术方法；第五，对体育微课的设计的理论、方法、规则、实施步骤进行了总结和归纳；第六，针对体育运动画面的景别与构图特点，体育微课视频素材的拍摄技法、拍摄设备使用、视频编辑软件的使用给出了说明。

2. 体育微课开发案例

通过上述内容，提出体育微课开发规范流程。依据该流程，给出了 5 个体育微课开发的具体内容。

案例 1：体育与健康——跑

案例 2：初中体育与健康——横向支撑跳跃

案例 3：初中体育与健康——跨栏跑

案例 4：初中体育与健康——跳高

案例 5：初中学业水平考试——排球

3. 体育微课的教学应用实践

实证研究 1：以 5 个案例中的"初中体育与健康——跨栏跑"体育微课（后简称"跨栏跑"）为实验材料，开展学习研究实验，利用眼动与近红外等设备对学习过程的眼动行为与脑活动数据进行采集，发现带来学习效果正效应的体育微课画面呈现特征为：以不同角度、不同速率对分解动作呈现 3 次。这是最佳的动作知识呈现方式。而以此特征呈现内容的体育微课，学习者观看一次，就可以对动作产生较高的感知。同时证实了应用体育微课开展体育学习能有效提高学习者的学习效果。

实证研究 2：利用微信平台创建"体育微课学起来"微信公众号，开展线上学习。在未有组织使用的情况下，对初中学业水平考试中的足、篮、排、乒乓球四期体育微课进行学习情况统计，发现利用微课学习的人群规律：初三>初二>初一。说明该平台对体育中考备考学生的帮助效果良好。而利用平台学习的动力来源于中考的需求。研究结果让我们有了另外一起期待：什么时候我们的体育学习不再仅为考试，而是为了喜欢、为了增强体质健康。

本书的理论创新与学术价值：

1. 理论创新

（1）升级了体育微课的概念；（2）提出了体育微课设计规范的依据与具体内容，即：体育微课的设计理论依据，设计的内容、方法、环节及各环节所需要呈现的设计文档的格式；（3）在影视画面设计理论的基础上，提出了体育微课画面构图特征，以及拍摄技法运用，为体育微课的开发者提供规范开发的样本。

2. 学术价值

（1）首次提出体育微课的概念后，在本研究中又对其进行了深入的探索，进一步明确了体育微课的内容、形式与特征；在设计规范中，明确了体育微课开发"要设计的是什么"，在体育微课画面呈现特点说明后，明确了体育微课开发"要做的是什么"。使概念具有了明确性，方法具有了指导性，操作具有了可参考性，研究成果具有了引领性。

本研究除上述成果之外，研究也存在着不足。第一，由于研究恰好处在疫情阶段，对于实证研究的数据采集数量有所欠缺，所得结果或许有偏差。在今后的研究中将针对学习的发生与特征做进一步求证；第二，研究属于交叉学科的融合性研究，在研究过程需要集成体育教育学、认知心理学、教育技术学等多学科的知识与人员，研究团队的物理组织形式还不完善，致使研究推进速度缓慢；第三，研究经费捉襟见肘，不足以支付研究过程中的人员劳务、设备、出版等多项支出。

本书由齐芳和熊会安共同撰写。齐芳主要撰写第二部分第二章、第三章；第三部分第四章；第四部分和参考文献等章节。共计 19 万字。熊会安主要撰写第一部分第一章、

第二章；第二部分第一章、第四章；第三部分第一章、第二章、第三章、第五章等章节，共计约 13 万字。

最后我要对研究与著书过程中的贡献者表示深深的感谢。感谢我的合作者熊会安老师在整个研究、著书过程中付出的心血；感谢张家桐老师为研究贡献的智慧和心力并提供了诸多条件和便利；感谢戴婷婷、张鑫、胡月、李娟、连思芃、唐新月、张学刚、崔荔、王锞、唐众、李强、周秉政等老师在研究的各个环节中所提供的思想和帮助；感谢我的学生武燕玲、宋娜、赵慧、胡惠祯、郁子良、蒋晓含、王茹旭、马璐瑶、李科秀、张璇、王凤、许建枫、张兴敏、丁磊等，在多年的艰苦过程中接力般传承着研究。每一棒的勤勤恳恳都如太阳般温暖着我的心；感谢各个体育微课的演员同学一丝不苟的在镜头下对示范动作反复打磨；感谢参与眼动实验和近红外实验的每一位被试。感谢天津体育学院、天津市教育科学研究院、天津市静海区教师发展中心、天津市静海区大丰堆中学等单位给与的支持和配合。感谢天津南开大学出版社在本书出版过程中给与的大力支持。

齐芳

2023 年 11 月

目　录

本研究中融合了教育科学、心理科学、行为科学、神经科学等多学科领域的研究成果，从概念、原理起始，分析动作技能学习的发生、过程与结果。在此基础上，我们可发现在多媒体画面的环境下开展动作技能学习的特征，并可依据体育动作技能多媒体学习的规律，有针对性地对初中体育动作技能典型知识进行设计、开发。

第一部分　体育微课的发展历程与学习研究特征

第一章　微　课

谈到体育微课，不能不先说微课。"微课"是由美国的戴维·彭罗斯于 2008 年秋首创的 Micro-Lecture 一词而来。在戴维·彭罗斯创造了 Micro-Lecture 一词后，百度百科、谷歌百科、维基百科都将其作为微课的英文解释。我国学者对微课概念的确定展开了热烈讨论。胡铁生认为微课是指按照新课程标准及教学实践要求，以教学视频为主要载体，反映教师在课堂教学过程中针对某个知识点或教学环节而开展教与学活动的各种教学资源的有机组合[胡铁生，2013（4）]。焦建利认为，微课是以阐释某一知识点为目标，以短小精悍的在线视频为表现形式，以学习或教学应用为目的的在线教学视频[焦建利，2014（4）]。张一春认为，微课是指为使学习者自主学习获得最佳效果，经过精心的信息化教学设计，以流媒体形式展示的围绕某个知识点或教学环节开展的简短、完整的教学活动（张一春，2013）。黎加厚教授根据教学论的系统观给出定义：在 10 分钟以内，有明确教学目标、内容短小、集中说明一个问题的小课程[黎加厚，2013（4）]。韩庆年等则认为微课从理论上和实践中所指的是微课堂，并指出微课的研究要突破简单还原主义的约束，注重在线学习特有规律，研究学习者，研究学习内容以及学习体验的提升[韩庆年，柏宏权，2014（7）]。岑健林认为微课是指运用信息技术按照认知规律，呈现碎片化学习内容、过程及扩展素材的结构化数字资源[岑健林，2016（12）]。徐春建则认为微课要依据学科特征重构微课要素、凸显课程性质、明晰微课实施路径[徐春健，2021（10）]。从上述的概念演化过程不难看出，随着学者们的深入讨论以及微课的教学实践应用，人们对微课的理解日益加深，微课从仅就时长、形式确定性的讨论，深入到了对其教义、学科特点、认知特征等层面的进一步思考和明确。

目前微课研究确定了微课有如下 4 个特点。

第一，内容上具有课的一般性特征。

微课既有完整的知识点（单元或元），也有较完整的新知识教学过程（新知识的导入、新知识的讲解、新知识的应用或指导练习、内容总结等环节）。

第二，采用多媒体画面实现信息呈现。

微课的内容是基于屏幕的多媒体画面呈现在学习者面前的。多媒体画面中包含了图、文、声、像四种媒体类型，可根据不同的教学内容合理、恰当地使用多媒体信息，实现多媒体画面与学习者的实时交互。

第三，属于线上传播的资源类型。

微课的线上传播特点，决定了微课的开发要基于现代信息技术、多媒体技术，同时其类型需要符合线上传播的规则，来满足线上教学需求。因此，微课需要符合学习者线上学习的学习风格与认知特点，同时符合网络化传播的特点。这也决定了微课的文件类型最适当的形式为视频。

第四，总时长灵活控制。

之前针对微课的总时长的讨论，各有不同，8 分钟左右、10 分钟左右、不超过 20 分钟等都有学者讨论过。而这个时长的确定不仅跟学科知识有关，同时也跟学习者的学段、学习风格相关。不同学科的不同内容、不同年龄段的学习者都应有适合自己的微课时长。仅就学段这个参数而言，小学 1—2 年级的微课时长不应超过 6 分钟，因为这个年龄段的学习者最长的注意时间是在 5 分钟左右。初中学生微课可以做到 10 分钟左右，因为这个时段的学生注意力集中的时间可以达到 10 分钟左右，甚至更长。但是，随着碎片化学习的增多，人的保持注意时间有缩短的趋势。过长的微课不仅容易使学习者注意力不集中、产生疲劳，也收不到好的学习效果。这就需要在最初设计中，认真仔细地分析微课的内容以及学习者的学习风格。

综上所述，微课在保证其知识内容正确、完整的基础上，还需要保证内容安排的合理性。内容安排合理性一是指知识内容本身的教学过程安排的合理性；二是指呈现内容的媒体形式的合理性，合理性的标准是符合学习者的认知特点和多媒体学习的规律；三是指从时长上保证符合学习者的学习注意特征的规律。因此，微课是以促进学习者的有意义学习、提高学习者的学习绩效为目的的数字化资源，而不是单纯地呈现知识信息。合理性在于对知识内容的系统化教学设计，包括学习需求分析、学习者分析、学习目标分析、学习内容分析、媒体的选择、学习策略的选择等环节。因此，微课在应用于学校教育的前提下，是对所选择的教学内容作充分的教学设计，将现实中的教学中的新知识内容转化为由多媒体画面呈现的教学。这种转化不仅仅是传播媒介的转化，而且贯彻学科教师的教学思想和理念（教学策略），达到最佳的时长，呈现最佳的画面，来更好地激发学习者的学习兴趣，保持其在学习过程的注意力。微课的转化设计应包含知识的优化与整合设计、知识与媒体的融合设计、画面视觉表征的设计等。所以，微课的开发并非人们想象的拍段视频就可以了。它需要科学理论基础与现代信息科技作支撑，是教育理念与现代信息技术的科学、合理、恰当的融合体。它的应用目的是促进有意义学习的发生，提高学习者的学习绩效，而不是无效或低效信息的推送。

目前，针对微课的研究也已从微课的一般形式特征研究深入到了微课的科学价值的探讨，如不同学科的微课从画面到内容的表征、微课的效能、学习者微课学习过程中的认知表现以及脑学习特征等。微课的深入研究为课程的数字化理论研究增添了活力，同时为数字化资源的科学性、可用性提供了科学依据。

第二章　体育微课

一、体育微课的催生剂

体育微课的研究与应用的热度逐年增高，其催生因素主要来自两个方面。一是由于全球数字教育改革推进了我国国家数字化教育变革的总体战略布局的需求；二是体育教育的重要意义与塑造个人价值的重要需求。

（一）催生剂一：国家教育信息化、数字化战略布局的需求

自 2012 年 MOOC（慕课）在全球涌动起数字化浪潮以来，作为教育大国的中国，在这十年中对教育信息化、教育数字化、教育现代化从宏观层面到微观层面做出了积极、准确的战略部署和执行策略。从 2015 年李克强总理提出"互联网+"计划，"信息化"上升为国家重要规划，到 2016 年 6 月 7 日，教育部颁布《教育信息化"十三五"规划》；从 2019 年 2 月 23 日中共中央以及国务院颁布的《中国教育现代化 2035》，到《教育部 2022 年工作要点》明确提出实施国家教育数字化战略行动，再到党的二十大首次将"推进教育数字化"写入报告。至此，我国拉开了教育信息化到教育数字化转型的大幕。

1. 推动教育数字化的意义

（1）推动教育数字化是推动基础教育更加公平、更有质量的前提。

（2）推动教育数字化是建设全民终身学习的学习型社会、学习型大国的基础。

（3）推动教育数字化是加快实现高水平科技自立自强、全面建设社会主义现代化国家的必要条件。

（4）推动教育数字化是打造全球教育版图的中国特色、中国范式的基础，是推动国际社会强化对教育的政治承诺、加大对教育投入、促进国际合作的前提条件。

（5）推动教育数字化是做好教育系统疫情防控工作，确保在学校不发生聚集性疫情，确保师生生命健康和校园安全的物质条件。

2. 推动教育数字化的策略

（1）强化教育高质量发展的支撑保障。优化教育资源配置，加强教育信息化资源建设与利用，持续深化教育领域综合改革的保障。

（2）落实"需求牵引、应用为王、服务至上"的原则，抢占未来发展先机，切实以教育信息化推动教育高质量发展，推动教育改革向纵深发展。

（3）示范引领、成熟先上，加强资源整合，建立示范引领和试点机制，做好教育数字化建设推广应用探索，推动教育信息化实现发展标准化、成果品牌化，大力提升教育治理体系和治理能力现代化水平。

（4）更新教育观念，进一步完善评价体系。

（5）探索在线教育国际合作交流机制，推动更高水平教育对外开放，与世界共同打造数字教育未来新空间、新图景。

3. 推动教育数字化的举措

（1）建立教育数字化公共服务体系。建设国家教育数字化大数据中心。以数字化带动教育转型升级。把基础教育、职业教育、高等教育的资源建设统一汇聚起来，利用集中的优势和优质的资源来建设国家教育资源中心。

整合各类资源推出国家智慧教育平台，把国家智慧教育平台打造成提供公共服务的国家平台，学生学习交流的平台、教师教书育人的平台，学校办学治校与合作交流的平台，教育提质增效和改革发展的平台。推动数字教育资源共建共享、互联互通，赋能教师和学习者，探索教育数字治理方式，实现教育更加包容公平。由此，实现个性化学习、终身学习和教育现代化的平台。

把服务学生学习、服务教师备课和教学、服务学校管理、服务教育研究，以及未来服务教育改革这五大功能，作为教育资源中心的重要内容。共同引领教育数字化转型执行力。推动教育生态、学校形态、教学方式变革，合力推进教育数字化转型和绿色转型。要用好数字化红利，推进优质资源的均衡配置，让资源活起来，缩小区域城乡校际教育差距。

切实保障在突发事件情况下的线上教学。坚持优先服务师生和社会急需，支撑抗疫大局。为抗疫一线师生打造一所永远在线的网上课堂，加强抗疫知识学习、心理健康教育和引导，提供更加坚强有力的保障。

（2）把握"方法重于技术、组织制度创新重于技术创新"的工作理念，要坚持"应用为王、服务至上、安全运行"，把业务应用摆在优先突出位置，以应用需求驱动运行平台、安全平台、标准平台和数据资源平台建设，加强内容建设和运营维护，不盲目追求最新技术，切实为师生提供能用好用的数字化资源。以标准安全运行保障为支撑，筑牢数据安全底线，探索创造富有中国特色的教育数字化治理标准，构建可持续的数据安全防护体系。

（3）坚持高水平开放合作，打造国家品牌。加强国际交流，探索数字治理方式，努力成为智慧教育的国际引领者，为世界提供中国方案，贡献中国智慧。深化务实合作，共同探索面向未来的人才培养规律，共同推进教育数字化变革，在教育数字化、教师培养培训、语言教学和校际交流方面加强合作。加快疫后教育复苏和实现 2030 年教育目标。

综上所述，从教育信息化到教育数字化转型，政府的高屋建瓴可见一斑。目前我国的教育数字化是与我国政治、经济、文化发展息息相关的重要战略方针。该战略方针是有步骤、有计划的。对于一线教育工作者和教育研究而言，需要按照国家的战略方针，立足本学科开展研究。

（二）催生剂二：体育教育的重要意义与塑造个人价值的重要需求

体育教育在我国促进人的健康、强健民族体魄中有着举足轻重的作用和地位。仅以针对促进青少年身体健康的体育与健康教育相关政策为例，自 1995 年以来就出台了 20 余项。《中华人民共和国体育法》（1995）第五条规定："国家对青年、少年、儿童的体育活动给予特别保障，增进青年、少年、儿童的身心健康。"《全民健身计划纲要（1995—2010年）》第七条规定："全民健身计划以全国人民为实施对象，以青少年和儿童为重点。要对学生进行终身体育教育，培养学生体育锻炼的意识、技能与习惯。"《中共中央国务院关于深化教育改革全面推进素质教育的决定》（1999年）中强调"使学生掌握基本的运动技能，养成锻炼身体的习惯"。《关于加强青少年体育增强青少年体质的意见》（2007年）中对青少年群体提出"每天锻炼1小时"的要求。党的十八届三中全会审议通过的《中共中央关于全面深化改革若干重大问题的决定》（2013年）中明确了"强化体育课和课外锻炼，促进青少年身心健康、体魄强健"的战略部署。习近平总书记曾指出："体育是社会发展和人类进步的重要标志，是综合国力和国家软实力的重要体现。'发展体育运动，增强人民体质'是我国体育工作的根本任务。"习近平总书记曾指出："中小学生要立志成才，必须勤奋学习、提高综合素质，努力做到修身立德、志存高远，勤学上进、追求卓越，强健体魄、健康身心，锤炼意志、砥砺坚韧。"党和国家不仅对青少年学生身体健康状况高度重视，而且将青少年身体健康提升到关系国家和民族未来发展大局的高度。

体育教育是我国促进青少年身体健康的重要途径。体育教育的核心内容是体育运动动作的学习以及体育运动技能的形成。早在2400多年前，古希腊名医希波克拉底（公元前460—前370年）曾留下"动作即生命"的至理名言。美国动作科学家、著名整形外科医生、力量和身体训练持证专家克雷·库克曾针对体育运动（活动）中的动作指出"首先要动作好，然后再经常运动"。这说明，体育运动中，正确的动作是运动促进身体健康的必要前提和基础。同时也注意到，在国际竞技体育前沿领域，许多成功的实践者更加形象地验证了动作质量对于运动成绩的决定作用：竞技就是动作！"首先要动作好，然后再经常运动"应成为体育教育过程中所要遵循的铁律。如果将"好的动作"界定为正确、合理、规范的话，那不好的动作便是不正确、缺乏合理性、缺乏规范性的。不好的动作不仅不能有效促进人的健康，反而会给人带来运动损伤而造成身体的伤害。这样的例子比比皆是。因此，"为学习者提供正确、合理、规范的运动动作示范和指导是体育教学最基本目标，也是体育教育、促进学习者身体健康的最基本的保障"，这是不可动摇的、科学的体育运动教育观。

然而，众所周知，体育运动项目类型众多，运动特征和运动规律也不尽相同。如我国著名学者田麦久先生和他的同事所建立的项群理论，就将体育运动项目分为体能类和技能类两大类。其中体能类又按快速力量性、速度性、耐力性分为三个亚类；在技能类中又按照表现难美性、表现准确性、隔网对抗性、同场对抗性、格斗对抗性分为五个亚类。另外，体育项目的理论研究中很多学者也都给出了不同角度的分类。这里不再一一赘述。对于我国学校体育而言，教学内容包含了大多数体育项目类中的典型项目。如初中《体育与健康》（人教版）教材中，运动实践内容的田径项目中的短跑属于体能类的速度亚类，耐久跑属于体能中的耐力亚类；球类中的足球属于技能类的同场对抗性亚类，排球属于隔网对抗性类，体育舞蹈属于技能类的表现难美性亚类，体操属于表现准确性的亚类，而部分武术子项属于格斗对抗性的亚类。除此以外，教材中还包括了民族传统运动项目等等。教材中所包含的运动项目齐全无疑对学习者的体育运动动作的学习、运动技能的形成大有益处。但是由于各类运动项目特征有着极大差异性，对于一名普通体育教师而言，很难具备所有项目的运动能力，甚至所有的运动项目知识。体育项目知识可以通过记忆获得，但运动能力并非都能通过训练获得，人的运动能力与遗传、个人身体条件等因素有着密切的关联。因此，要求一名体育教师具备课程内容所有项目的运动能力并不合理。但是对于小学、初中的体育教师而言，教师不能为学习者提供标准化的运动动作示范，就不足以能正常完成体育教学任务。如果将运动动作示范的正确、合理、规范称为运动动作示范标准化，上面所提出的观点与体育教师个人的运动能力之间就是一种不可化解的矛盾。这种矛盾确实在我国义务教育阶段学校体育教学中一直存在。无论怎么看待体育课中运动能力的培养目标问题，仅就体育教师的标准化运动动作示范能力而言，一所学校的体育教研组所有教师的运动动作示范能力整合起来，也未必能够满足课程内容的全部教学要求。同时，即便教师在某个时间段具备了标准化运动动作示范能力，其能力水平也会随着教师的年龄增大、身体健康程度以及形态改变、情绪波动等因素，发生很大变化，所示范的运动动作质量会随之降低而失去标准化的水准。当学习者观看了非标准甚至错误的运动动作示范，自然是获取了错误技术动作的信息，由此影响其接下来的对运动动作的认知学习和动作的外化表现。教师不规范甚至错误的技术动作不仅会引导学生的体育运动学习误入歧途，严重时还有可能会造成学生运动损伤，给学生身体与健康造成伤害。曾在某市的某个市级奖项评审的示范公开课中，就有个别教师因为个人身体原因，示范动作欠规范，有的甚至出现错误示范的问题。当堂课的全体学生整堂课都在模仿欠规范甚至错误的动作。而这些老师都是从一线教师中选拔出来的优秀体育教师。因此不可否认地说，体育教学过程中教师运动动作示范水平，直接影响学习者运动动作的学习结果。它不仅是影响体育教育质量的重要因素，更是直接影响学习者的身体健康的重要因素。尤其在小学、初中学段，学生正处于身体成长的关键时期、运动能力形成的关键时期，体育教师的个人运动动作示范能力更加重要。总之，如果教师缺乏为学习者提供标准化的运动动作示范的能力，正常完成体育教学任务就是一件很困难的事情。因此，体育教学中运动动作示范标准化的问题必须引起体育教育工作者的高度重视。

在 2016 年 5 月 6 日国务院办公厅印发的《关于强化学校体育促进学生身心健康全面发展的意见》中，同样看到了如下文字的描述："总体上看，学校体育仍是整个教育事业相对薄弱的环节。同时，由于青少年参与体育活动相对不足，我国青少年体质已连续 30 年呈下滑趋势（《中国儿童青少年营养与健康报告 2016》）……"

如何使学校体育不再是整个教育事业相对薄弱的环节，真正提高体育教育的质量呢？这不仅需要政策的引领、观念的更新，也需要现代科技的支持。现代数字技术使为学习者提供标准化体育运动动作示范不再是难题。数字化体育运动动作示范不仅解决了体育教师困惑多年的个人运动能力问题，同时也为学习者的运动技能学习提供了便捷的资源，最终落实体育教学质量的提升和学习者的健康促进。目前国家正处在实施由教育信息化到教育数字化化转型的关键时期，针对体育教学内容建设优质的数字化教学资源必将成为体育教育质量提升的突破口和必要途径。习近平总书记在 2023 年主持中央政治局第五次集体学习时，发表重要讲话提出，教育数字化是我国开辟教育发展新赛道和塑造教育发展新优势的重要突破口。进一步推进数字教育，为个性化学习、终身学习、扩大优质教育资源覆盖面和教育现代化提供有效支撑（习近平，2023）。微课被称为微小精致的新一代课程之细胞"讲堂"向"学堂"转型的突破口（桑新民，2023）。因此，以微课为代表的数字化资源建设工程将成为引领教育数字化转型的示范工程。体育微课的建设也将成为引领体育教育数字化转型和建设的重要突破口。

二、体育微课的概念、特点与建设现状

体育微课是历经了微课近 10 年的研究与发展，从学科角度分支出来的一个微课类型。微课以其小、精、巧、便等优势，已成为数字化转型过程中，教与学资源的主要形式。另外，体育教育在教育中的地位不言而喻，同时提高我国体育教育质量的呼声越来越高。因此，在体育教育从信息化到数字化转型过程中，资源的建设也是亟待解决的重要问题。从前面的论述中我们看到，体育教师非标准化的运动动作示范，极大影响了学习者的体育学习结果。而基于多媒体技术、互联网技术、虚拟仿真技术等数字技术辅助体育认知工具与资源的出现，能够通过多媒体画面为学习者提供标准化运动动作示范，使标准化运动动作示范不再是教师完成正常教学的难题，解决了教师教学技能难点问题的同时，也使学习者增加了获得标准化运动动作示范的途径。齐芳曾在《体育微课的设计范式研究》这样定义体育微课："体育微课是针对较完整的体育运动动作（知识元、点或单元）或战术配合较完整的内容，通过多媒体画面演示、讲解、分析。"它具有微课的一般属性，符合人对体育运动的认知规律，具有科学性、可理解性、易用性以及社会化应用的适应性等。它以体育教育理论、学习认知科学理论、视觉认知加工等理论为设计思想指导，以恰当媒体形式呈现与发布，如视频格式（齐芳，2018）。这是一个较为宏观的定义，它明确了体育微课的科学意义与价值，同时明确了体育微课的内容、呈现形式等。某种意义上体育微课就犹如体育教师示范体育运动中技术动作的替身，将教师所不能为的技术动作呈现在学习者面前。它也犹如学习者的一双复眼，让学习者能看到常速下肉眼所不能察觉的细微或快速的动作细节。它还是一位从不发脾气的伙伴，随开随播，可以无限重复，帮助学习者解决体育课程预习和复习过程中的难题。它还可以是运动爱好者身边的私人教练，但从不重复收费……体育微课的出现不仅使体育教育提升质量有了基础性保障，也为体育教育数字化资源建设提供了可落实的途径。在上述体育微课概念给出之后，齐芳又进一步明确了体育微课内容的呈现形式：体育微课是微课的学科分类的一种，重点是针对体育动作技能知识，通过多媒体画面，呈现规范、合理的运动动作过程和身体各部分的协同姿态（位置、力量、速度）。体育微课具有微课一般属性和体育课的特征与主要环节，即内容呈现的是一个相对完整（或相对独立）的知识点（动作技能），符合体育学科知识表征的科学性和学科的教、学规律，具有导课、新知识解读、指导练习、训练方法提示、总结等主要环节，时间因学习者学习风格与知识内容特点，在 5—10 分钟范围等等。该定义把呈现体育动作技能作为体育微课的内容，以此进一步明确了体育微课画面呈现的独有特征，在强调体育微课与微课特征一致性的同时，提出了体育微课自有的体育学科特征以及教学环节。

有些人会认为，体育动作技能是练出来的。这个观点并不完全正确，在体育动作技

能学习过程中，不仅包含了动作技能外显的程序性知识，也包含了关于动作技能的描述性知识。对动作技能描述性知识的学习和对这种描述性知识在不同阶段的理解，是体育动作技能学习的重要且不可忽略的重要部分。两种知识的交融，使学习的复杂程度加大。这也是数字化体育动作技能学习具有与其他学科不同的显著特征。体育微课既可以在非行为化时帮助学习者记忆、理解动作技能知识，也可以在现实场景的训练中，为学习者提供视觉、听觉甚至触觉感知信息，使学习者获得更好的认知信息组合。那么，视觉、听觉、触觉感知的信息在体育微课中便是通过画面中的多媒体要素呈现出来。这种要素被游泽清先生总结为：图、文、声、像（游泽清，2004）。因此，我们的研究也将从体育微课的教学设计与多媒体画面设计入手。

目前，包括体育微课在内的体育数字化教学资源的研究较其他学科还相对落后。数量少、质量差是体育微课等数字化资源的现状。在之前所做的一个调查中，我们发现针对体育教学内容的数字化资源建设并非如人们所想象的那么尽如人意。在由体育微课扩展到信息化、数字化资源进行检索的前提下，得出如下结果。首先是数量不足。在现有12 家 MOOC 网站或公开课程网站（如学堂在线、五分钟课程网、网易公开课），进行课程查询，2020 年之前未有初中体育课程的内容。在观看了近 2831 个体育类视频课程后，经分析，其中 12 个课程片段可以作为七至九年级的《体育与健康》中运动实践内容的数字资源，仅占被调查体育类视频课程的 0.424%（学生运动会的文章）。其次是质量不高。针对上述 12 个七至九年级的《体育与健康》中运动实践内容的数字资源，课题组从画面清晰度、内容呈现完整性、示范动作的标准性等方面做了专家级评阅。评阅结果显示，这 12 个数字资源画面清晰度不足以看清技术动作的各个环节。单从呈现方式来看，其不适合学生在如此短的时间内看清、看懂动作过程。运用这些资源帮助教学，其效果不好预估。因此，我们不能将该资源归属为优质教育资源。其三是相关文献研究缺乏。体育微课的开发质量把控缺乏理论和规范作支撑。一些体育教育资源开发者关注的是"我建了，我有了"，至于"能不能用，好不好用"则缺乏关注和研究。对于体育微课的开发也仅是开发者个人的个性化行为，少有在开发规范上的研究。

体育微课的研究与开发数量与质量上的落后，开发建设的局部环境中的尴尬，有两个原因：第一，由于体育学科不被重视，大部分体育教育工作者自身也对教学工作的重视程度和动力不足；第二，大部分体育教育工作者对信息化时代的认知浅薄，认为体育教育可以置身信息化时代之外，即使在国家推动的教育数字化转型过程中，也无意融入体育教育数字化建设的大环境；第三，由于学科特征，大多数体育教育者在工作中不善于或不愿意自主开展数字技术知识的学习，对数字技术的认知不足、应用能力欠缺。

体育教育数字化建设要从上抓起，从师资抓起，动员社会各个方面的力量共同建设。

第二部分　体育微课开发规范

　　一门好的体育微课需要有好的现场型体育课做基础，好的现场型体育课需要精准的教学设计，体育微课也需要精准的教与学设计、画面设计。因此，体育微课的开发，设计是发端，没有好的设计，就没有好的微课。

第一章　体育微课的设计与规范

一、体育微课的分类

体育微课按照课程内容的主线或引导类型进行分类，可分为顺序直述型、故事引导型、问题引导型、教与学互动型；按照动作难度与知识深度分类，可分为运动技术型、原理知识掌握型、运动科普型；按照画面风格分类，可分为可爱型、酷炫型、稳健型；按照竞技体育项目分类，可分为体能类项目、技能类项目、难美类项目等。按照学习机制，可分为正式学习、非正式学习。体育微课的分类可有多种形式，旨在对不同体育项目的不同运动动作技能、知识内容的教与学特征进行准确把控。表 2-1-1 呈现的是体育微课的分类表。

表 2-1-1　体育微课的分类表

类型		可采用的内容编排方式	可采用的教学策略	可采用的主要呈现方式	引起注意因素
按照课程内容的主线或引导类型	顺序直述型	直线式	以示范、讲解为主	标准示范、动作讲解	主体形态、语言、画面背景
	故事引导型	同心圆式	抛锚与情境创设策略	故事情境中的标准示范（或示意性动作演示）、情节中的动作释义	故事情节、主体与客体间的关系、画面背景、语言
	问题引导型	螺旋上升、逐级分化式	先行组织者与抛锚策略	问题引发的情境中的标准示范（或仿真动作演示）、原理解释	问题表达、主体形态、画面背景、语言
	教与学互动型	逐级分化与综合贯通式	启发与探究	交互情境引发的标准示范（或仿真动作演示）、原理解释	主体、客体在画面中的关系（位置、隐喻）、形态、语言
按照动作难度与知识深度	运动技术型	同心圆式、螺旋上升式	综合性选择应用	标准动作示范、强调	主体形态、语言、画面背景
	原理知识掌握型	逐级分化与综合贯通式	综合性选择应用	科学原理分析与说明	原理逻辑的语言表达、画面背景、主体形态
	运动科普型	综合贯通式	综合性选择应用	综合性	综合性
按照画面风格	可爱型	同心圆型	情境创设、抛锚	动作示范（可以是示意性动作或仿真类）	画面色彩风格、主体、客体在画面中的关系（位置、隐喻）与形态、语言

类型		可采用的内容编排方式	可采用的教学策略	可采用的主要呈现方式	引起注意因素
	酷炫型	同心圆型、综合贯通式	启发与探究	动作示范（可以是示意性动作或仿真类）	画面色彩风格、构图风格、主体、客体在画面中的关系（位置、隐喻）与形态、语言
	稳健型	直线型、综合贯通式	以示范、讲解为主，启发	动作示范与讲解	主体形态、语言、画面背景
按照竞技体育项目	体能类项目	逐级分化、螺旋上升式、同心圆式、综合贯通式	以示范、讲解为主	真实场景下的示范、讲解（以体能的分配为切入点，描述不同阶段的动作原理和要领）	主体（与群体）形态和关系、语言
	技能类项目	逐级分化、螺旋上升式、同心圆式、综合贯通式	以示范、讲解为主	真实场景下的示范、讲解（以技术动作切入点，描述动作原理和要领）	主体（与群体）形态和关系、语言
	难美类项目	逐级分化、螺旋上升式、与综合贯通式	以示范、讲解为主	真实场景下的示范、讲解（以动作难度分类，描述不同难度的动作原理和要领）附加标准动作下美学的判断标准	主体（与群体）形态和关系、语言
按照学习机制	正式学习	严格教学设计的步骤	以示范、讲解为主	以真实运动情境为场景的多场景、多形态的动作技能的讲解	主体（与群体）形态和关系、语言
	非正式学习	承载的内容大于体育动作技能本身	可根据主要事件视角，选择对运动讲解的深度以及方式的确定	多场景、多形态	多场景、多形态的主体（与群体）形态和关系、语言

二、体育微课的设计

设计是体育微课制作的前提和重要环节。体育微课的设计是一个系统设计的过程，而非仅是课程教学设计或脚本设计。它始于学习者对内容与媒体形式等的心理、认知和身体需求，终于体育微课的制作结束，贯穿了微课的整个开发过程。本研究首先按照课程内容的主线或引导类型、动作难度与知识深度、画面风格、竞技体育项目项群等特征为体育微课划分了 4 大类，并根据可采用的内容编排方式、可采用的主要策略、可采用的主要呈现方式、引起注意因素等，对各类体育微课给予了宏观上分析与梳理；在此基础上，给出了包括需求与目标分析、学习者特征分析、主讲形式选择、画面呈现方式与策略设计、媒体素材采集方法设计等 5 个环节在内的体育微课设计框架，并细化了各个环节中诸多要素的设计标准、要求或方向，从而为体育微课的设计提供理论指导和借鉴，使体育微课的设计与开发有了一个相对明确的方法并逐步走向规范化。本研究沿着体育微课设计的 5 个环节的流程，通过对各个环节各个要素的回答，最终让体育微课的设计方案清晰可见。下面以动作技能已确定为体育微课设计的前提，将主要分析需求与目标分析、学习者特征分析、主讲形式选择、画面呈现方式与策略设计、媒体素材采集方法设计等 5 个设计环节，且在实际设计中 5 个部分应按顺序完成，设计成果可作为微课制作的可操作性方案。体育微课设计框架与流程如图 2-1-1 所示。

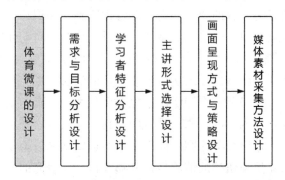

图 2-1-1　体育微课设计总体框架与流程

（一）需求与目标分析设计

当前，体育学习社会化所体现出的体育学习多元化特征日益明显，已形成了正式的体育学习和非正式的体育学习两种学习方式。也有学者认为，目前体育学习可分为正规体育学习、非正规体育学习以及非正式体育学习的多种体育学习形式［张艳红，2012，33（03）］。多形态或形式并存的体育学习是信息化社会的特征，也是体育社会化学习发展的新特征。下面以正规体育学习、非正规体育学习以及非正式体育学习的方式，来阐述三种不同学习形式下的学习需求与学习目标分析的特征。

正规体育学习指学校体育教育的课堂教学，是体育教育目标指引下的学习；非正规体育学习指非正规体育教育之外的，由社会教育机构或组织开展的各类形式的体育学习；非正式体育学习指正规体育学习与非正规体育学习课堂以外的体育学习表现，该体育学习形式多样，多源于生活与日常活动，存在于有意识的或无意识的体育学习行为之中。不同的学习形式对体育微课的需求也不尽相同，如体育微课的类型、深度、内容呈现形式等，由此决定了不同水平的学习目标。正规体育学习的学习目标具有标准化、明确性、系统性、持续性等特征，但有时不够灵活；非正规化体育学习的学习目标灵活、多样，但大多标准是局限在某一个特定项目下的教学目标，对人的运动能力塑造的系统性与持续性不够显著；非正式体育学习更少有显著的或有意识设定的目标。非正式体育学习大多隐含在了一个非体育的内容描述中，需要学习者透过现象探究到内部的体育运动的特征与本质。这类学习需要学习者有发现精神和体育运动的感知能力，而这种主旨为非体育运动描述与说明的微课不在本研究范畴。因此，本研究将以正规体育学习和非正规体育学习的微课设计作为说明的对象。对于正规体育学习与非正规体育学习而言，不同的需求所带来的不同水平的目标，决定了体育微课呈现过程中知识与技能的表达方式、传递节奏，甚至体育知识与技能的逻辑等存在着差异性。明确体育微课的需求和目标，可为体育微课的其他设计项目指明方向，使体育微课的开发更加具有针对性。

根据上述对学习形式的需求分析，以及不同学习形式所带来的对学习目标的影响，本研究对不同学习形式的体育微课类型进行了分类：用于正规学习形式中的预习类、新知识类、复习类等微课，用于非正规学习形式中的新知识类、复习类，用于非正式学习形式中的兼容类。这里要说明的是，即便是同一个内容的同一名称类的微课，如正规学习的新知识类与非正规学习的新知识类，其微课的形式也不尽相同。如：用于正规学习的新知识类微课，要强调微课的严谨属性，即过程完整、知识与技能表达系统专业、目标明确；而用于非正规学习的新知识类微课，可以主要是针对动作技能（单一的动作单元、连贯的动作组合、技战术等）的单一表达。可以说用于正规学习的微课更应该像"课"，用于非正规学习的微课更应该像能表达科学动作技能信息的"示范者"。而非正式学习类微课，动作技能知识表达可能会更加宽泛，包容度更大，具有与主要事件的兼容性。

学习目标以需求设计为前提。需求是方向，目标是可观察、可测量的结果。按照教学系统设计理论中学习目标分类原则，同时依据布鲁姆认知目标学习理论、辛普森动作技能目标分类理论、克拉斯伍德的情感目标分类理论，本研究的学习目标设计将分为三类，即认知目标、技能目标、情感目标。认知目标包括记住要领、理解要领、迁移要领；技能目标包括能正确模仿分解动作，能正确模仿连续动作，能正确并熟练完成的完整动作，能将正确动作迁移到其他动作组合中；情感目标包括对运动关注水平提高，对运动感兴趣水平提高。需求与目标设计的要点如图 2-1-2 所示。

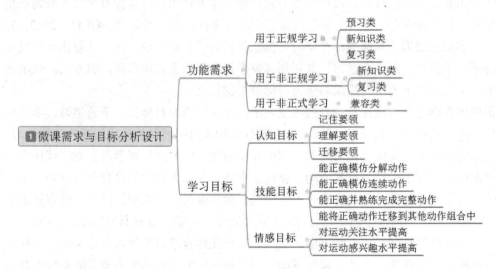

图 2-1-2　体育微课的需求与目标分析设计内容示意图

（二）学习者特征分析设计

由于自身的认知基础与认知能力、运动技能基础以及视觉偏好等差异，学习者对学习材料的感受也不尽相同。因此，针对体育微课的设计，开展对学习者特征的分析，能够保证体育微课更好地适应学习者的基础和学习风格。学习者分析是继需求目标分析设计后的重要环节。该环节决定了体育微课的主讲形式选择、画面呈现方式与策略设计、媒体素材采集方法设计等环节的设计。

依据皮亚杰等关于学习者特征分析理论要点，本研究将学习者特征分析设计分为认知基础与认知能力、运动能力基础、学习风格等三部分。认知基础与认知能力指向对动作技能的理解和认知。运动能力基础，指向学习者本身所具备的原生的动作协调能力与平衡能力，以及日常的运动习惯表现。学习风格则指向学习者在利用微课学习过程中的注意偏好。动作技能的学习不仅仅在于模仿动作，更在于理解动作。人的动作技能的学习是大脑的认知中枢和动作感知神经系统协同完成的。戴维·苏（David A. Sousa）在其主编的《心智、脑与教育》中记录了曾用实验方法验证的一个结论：人的视觉所及会引起大脑的反应。同一主体不同的呈现方式与不同的画面色彩与构图，都会引起人的大脑不同程度的反应。杜肯大学哲学博士黛安娜·威廉姆斯（Diane L. Williams）也曾指出，没有情绪的参与，学习的效果会减弱。为了使有效认知的效果在课堂内外显现出来，应保证情绪始终是学习经验的一部分。注意力是微课学习过程中情绪的主要反应，作为学习者学习风格的可测量指标，注意力具有一定的说明性。同时，注意力也是引起有意义的深度学习的关键和基础。根据上述推理，本研究针对体育微课画面及画面要素对学习者注意力的影响，根据威特金在学习风格中"场"的论证原理，将体育微课多媒体画面以"场"的要义予以解读。以画面构成、多媒体类型、知识呈现形式等要素，来归类学习者对体育微课学习的学习风格，即对课程结构的认知风格、对画面结构的认知风格、对讲解形式的认知风格、对讲解声音的认知风格、对动作呈现形式的认知风格。在此基础上进一步细化出 14 个关注评价要点，如图 2-1-3 所示。在学习者特征分析的设计中，需要设计人员对学习者的特征信息收集并汇总，为接下来的 3 个环节设计提供依据。

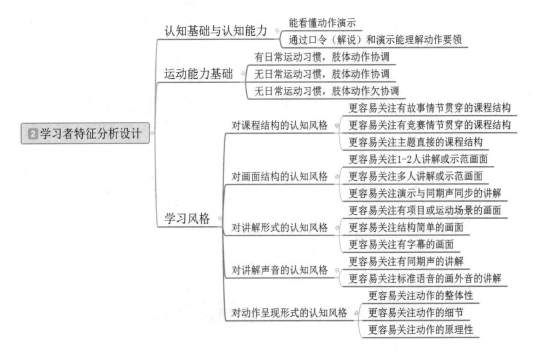

图 2-1-3　学习者特征分析设计

（三）主讲形式选择设计

教师是传统教学四要素中重要的组成部分，教师既有职业名称之意，也有传授科学的知识信息功能之意。而进入以现代信息技术为基础的自媒体时代，每一个持有信息终端的人都可以发布自有的相关主题的学习和学习体验信息于公众平台。"教师"无处不在并呈现多元化的时代已经到来，孔子当年的"三人行必有吾师"，如今可演绎为"一机在手，什么'教师'全都有"。本研究将教师的角色外延扩大，定义为在体育微课中传播科学的体育理论与动作技能知识的主体角色，即主讲，也就是表达知识、运动技能与传播知识与运动技能的主体。主讲可以是真实的人，也可以是数字人，如机器人、虚拟人等；既可以是职业的专业教师，也可以是教练员、运动员等具有体育运动经验和运动能力的优秀者。主讲的选择要以主体的适应性、传播的有效性为原则。首先，主讲具有传播体育知识的专业能力和适合向确定人群传播体育知识的形体表征。其次，主讲能够在最短时间内引起有意义的学习发生。

本研究的主讲形式选择设计以主讲是否出镜进行分类。其原因在于主讲是否出镜直接影响后续画面呈现方式与策略设计、媒体素材采集方法设计。主讲出镜过程中需要设计者对其语言能力、声音与形象等因素，以及是否有助手、助手的相关信息也需要掌握并予以设计，为接下来的媒体中对画面、声音等的整体设计以及技术处理决策提供依据。主讲形式选择设计的内容如图 2-1-4 所示。

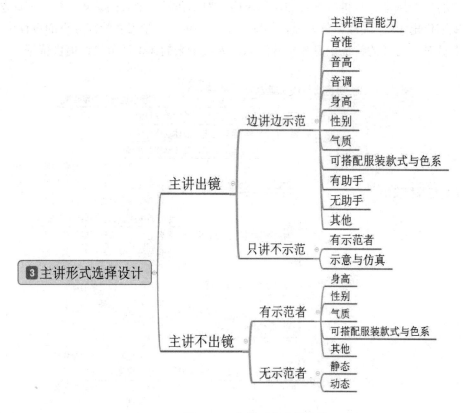

图 2-1-4 主讲形式选择设计

（四）画面呈现方式与策略设计

1994 年，克拉克通过实验证明，媒体效应从来不能与方法效应截然分开（克拉克，1994）。多媒体呈现的设计解答"如何设计促进学习者理解的多媒体呈现，而不是哪种媒体最有效"。柯兹玛也有着同样的论述"把研究中心从媒体是方法的传递者转移到媒体和方法是学习者知识建构和意义获得的促进者"。本研究中所确定的体育微课设计中的画面呈现与策略设计环节，即媒体类型选择与表达方法的融合性设计环节。本研究所要回答的是：选择什么类型的媒体，以什么样的方法呈现内容，使画面更好地促进学习者对动作和知识的理解。因此，本研究将画面呈现方式与策略设计规定为：在上述 3 个环节的基础上，遵从视觉传达心理反应的科学规律，依据知识与动作的多媒体表达原则，以及时吸引学习者注意力，并将注意力保持的持久性、知识呈现的有效性为目标。具体设计内容如图 2-1-5 所示。

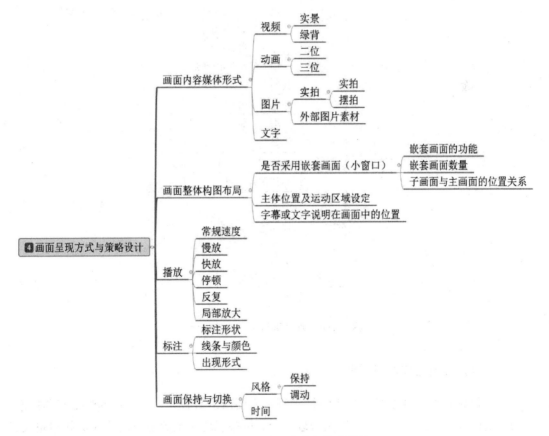

图 2-1-5 画面呈现方式与策略设计

画面呈现方式与策略设计中，在多媒体选择过程中需要遵从目标控制原则、内容符合原则、对象适应原则、最小代价原则、共同经验原则、多重刺激原则、抽象层次等原则（何克抗，2014）。在多媒体画面构成中，要遵从多媒体认知原则、空间接近原则、一致性原则、通道原则、冗余原则、个体差异原则等多媒体学习原则（梅耶，2001）。

（五）媒体素材采集方法设计

基于上述 4 个环节的设计成果。素材采集方式设计要完成媒体素材的采集方法确定。具体设计内容如图 2-1-6 所示。在媒体素材采集的设计过程中，首先需要确定图、文、声、视频、动画等 5 类多媒体素材的需求。这里也可以将视频和动画，合并一类为"像"的素材，共 4 类。素材的确定要根据对微课内容的设计需求，选择最适合理解和记忆的媒体组合形式而确定。这部分内容的设计成果将以文案、解说词、素材表、各类脚本和制作大纲为形式，来指导素材的采集。相关内容在具体开发示例中将给予呈现。

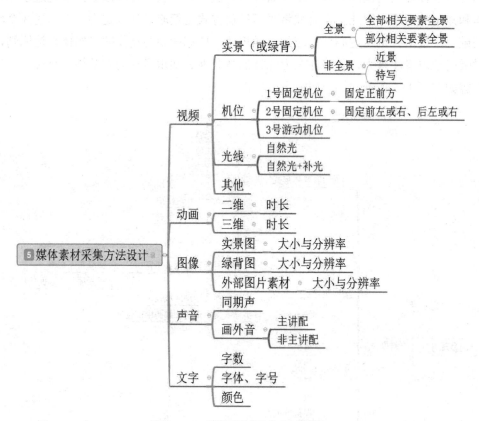

图 2-1-6　媒体素材采集方法设计

三、实施开发过程控制管理

体育微课项目的开发是一项系统性工程，需要由学科教师、教育技术学专家和技术人员、主讲人、示范者、场地与器械管理人员、拍摄现场场记等多方面的人员共同完成。因此，过程控制管理需要在微课基础规划阶段就要有明确的方案。通过针对工作量、工期的计划、各类人员的协调等分析，可拟定如图 2-1-7 所示的体育微课开发过程控制管理工期表。

在控制管理工期表中，细化到一个项目下的三级子项目，工期单元可以以日、周、月来定义。每个子项所占工期顺序排列，可以在同一时间有两项子项并行工作（按课题或项目组内的分工不同），但不允许整体时间安排有空档。

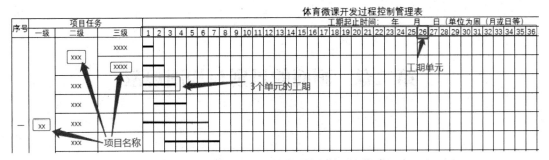

图 2-1-7　体育微课开发过程控制管理工期表

第二章　画面的景别与构图规范

体育微课的内容信息是以画面为呈现单位。画面所呈现的信息涉及画面设计的相关理论以及规则。本章在电影、电视画面设计规则的基础上，明确体育运动动作画面设计中景别、构图的特点，并对如何应用进行说明与规定。

一、景　别

景别是指由于拍摄设备与被摄体的距离不同，导致被摄体在拍摄设备中所呈现出的范围大小的区别。景别的划分，一般可分为 5 种，由近至远分别为特写（人体肩部以上）、近景（人体胸部以上）、中景（人体膝部以上）、全景（人体的全部和周围背景）、远景（被摄体所处环境）。各种景别示意如图 2-2-1 所示。其中，在电影中腰部以上的中景比较常见，而近景或者特写能更容易传达情绪。在体育微课中，景别的应用要针对教学中所传达的知识、动作技能信息，以及知识、动作技能之间的前后逻辑，来确定景别的选择。下面就以在体育微课中的景别使用，来解读景别应用的特点与应用目的。

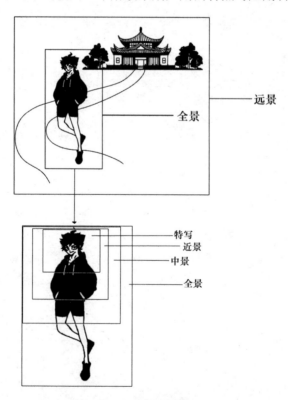

图 2-2-1　景别示意图

（一）特写

特写是指人像、影视作品中，将被摄主体人物肩部以上的头像充满画面。相比近景，特写更加接近受众的视觉。而此时背景处于次要地位，甚至消失，特写镜头能细微地表现想要突出的细节。在体育微课画面中，特写景别常常应用于对肢体、肢体与作用对象（球、拍、对手等等）之间细微的作用与反作用的关系。如图 2-2-2 所示，要表达主体脚面触球的位置，即采用特写景别。因为在体育运动中，动作、位置、力量是属于运动的3 个描述要素。特写能够最大可能反映位置特征。同时特写不仅能够清晰地展示局部的细节，更能使学习者注意力集中在此。特写是体育微课中经常使用的景别。在体育微课中的特写已不仅仅限于人像、影视作品中的被摄主体人物肩部以上的头像部分，而是拓展为要表达人体部位与器械部位、人体部位与运动器械对象等之间的一种位置关系，或者需要清晰放大表达的某个部分的内容。因此，体育微课画面中的特写的内涵更加丰富而宽泛。

图 2-2-2　特写——表达脚面与球的位置关系

（二）近景

人像、影视作品通常将被摄主体人物胸部以上或物体的局部称为近景。近景的屏幕形象是近距离观察人或物的体现，能清楚地看清人或物的细微动作。图 2-2-3（a）为表达主体上体前倾就采用的近景，采用近景可以清楚观察前倾的动作。图 2-2-3（b）用近景表达支撑腿与球的位置关系、支撑腿与摆起腿之间的位置关系，以及摆起腿与球的位置关系。在体育微课画面中，近景不仅仅是人像、影视作品中的"腰部以上的人物影像"，而且包含了腰部以上的主体影像或腰部以下的主体肢体部分影像。体育微课画面中的近景使用，目的在于更丰富地表达身体各部位之间，以及身体各部位与运动器械之间的位置关系。近景的使用决定了体育微课中对技术动作需要明确部分的重要性和必要性。

（a）

（b）

图 2-2-3　近景

（三）中景

人像、影视作品中，将中景内容定义为被摄主体人物的膝关节以上的人体部分。在体育微课画面中，可以保留电影中的中景含义，同时在此基础上将大于等于三分之二且小于全部的被摄主体人物的人体部分作为中景。体育微课画面中，中景常常用来描述大动作时身体各密切相关部分的协同关系以及部分主要力量的来源。图 2-2-4 中脚踢球动作就采用的是中景，图 2-2-4（a）表达了运动中踢球动作发力前的身体各部分位置关系以及力量的传导；图 2-2-4（b）在更加突出腿部动作细节的同时，呈现身体各部分的位置与力量配合。足球踢球属于全身运动，因此，对于微课画面设计而言，不仅需要对局部的动作明示清晰，同时还要表达此动作的力量来源以及全身组织对该动作的配合。中景也是体育微课画面设计的最常用的一种景别。

（a）

（b）

图 2-2-4　中景

（四）全景

　　人像、影视作品中，将被摄主体人物的全部特征摄录于画面中，称为全景。主要呈现被摄主体人物全身特征。在体育微课画面中，对于体育运动的大动作表达，并不是局限在身体的某个部位，而是需要全身的各个组织的发力。因此全景在体育微课画面中成为一种常用的景别。它可以将被摄主体全身运动的特征，体型、着装、身份交代得相对清楚，同时在体育微课画面中，全景还可以表达被摄主体与场地环境、器械之间的位置关系以及逻辑关系。如图 2-2-5，示范者即将触球的一瞬间，采用的是全景，交代主体与球的关系，以及全身组织的配合接球的动态特征。通过全景还看到了运动员与足球之间的关系，运动员的姿态、着装，以及前景、背景的关系。

图 2-2-5　全景

（五）远景

影视作品中的远景具有广阔的视野，常用来展示事件发生的时间、环境、规模和气氛。在体育微课画面中，远景的应用有如下情况：第一，要为描述高、远这种大空间的运动过程留出足够的描述运动轨迹和特征的时空性区域；第二，为交代所要表达运动的环境与主体的关系。如图 2-2-6 所示，主体所示范的踢球动作，使球产生了运动轨迹，而运动轨迹的产生与足球受力有关，因此用远景描述足球受力后产生的轨迹变化。远景结合之前所给出的近景与特写画面，使学习者更好地理解踢球技术的形成和产生的结果。

图 2-2-6　远景

总之，在体育微课画面设计中，景别的应用是由内容表达需要所决定的，同时画面之间的景别配合同样也要考虑到内容表达的需要以及画面转接合理性的需要。因此体育微课的画面景别以及画面与画面间景别的安排在符合体育运动动作画面表达需要的同时，需要尽可能地符合影视画面设计的规范。体育微课画面景别的设计是体育微课设计中的重点，也是难点。用好景别设计会使体育微课的可学性达到事半功倍的效果。

二、构 图

构图源起摄影，后运用于摄像和画面表达。概括来说，构图就是指在一定的画幅格式中，为表现一定的内容和视觉美感效果，将镜头前被表现的对象以及摄影的各种造型元素（线条、光影、影调、色调）有机地组织、分布在画面中，形成一定的画面形式。

在影视画面中，构图是保证画面合理、视觉舒适，以及突出主体（主题）的重要因素。构图是创作意图外显的过程，应以明确的形式传达出主题思想。构图应当体现鲜明的风格，美妙和谐的构图画面能给人带来美的享受。但构图应当简练明快，忌讳繁杂琐碎。构图也是主体形象突出与否的主要衡量标准之一。在体育微课画面中，也同样需要合理构图来保证画面的合理和视觉舒适，以此保障画面对体育动作知识表达具有合理性。

在电影、电视中，构图不仅提供了故事发生的场景的基本形状，也同时发挥着更为积极的戏剧性作用。而在体育微课画面设计中，构图是在影视构图的原则基础上，在符合人的视觉感知规律的前提下，更合理地表达画面中主体示范的运动特征或与其相关的内容，以有效表达知识与动作技能的核心要义，促使学习者对该内容保持注意，进而提升学习者的学习绩效。

（一）构图的具体要求

影视画面对构图有诸多具体的要求，如：平、准、留白、视觉重心、均衡、想象空间等。

1. 平

"平"是摄影、摄像构图的基本要求之一。

摄影、摄像构图要求横平竖直，建筑物主题轴线要垂直于画框横边，地平线应平行于画框的横边，而且不能居中，要根据天象等场景情况决定偏上或偏下。

2. 准

摄像构图特别是拍摄人物，构图应注意画面要具有美感。各种景别安排均要考虑到主体人物的完美，通常称为把画面"格准"。

3. 留白

摄影、摄像构图要适当留出空白，以保证"透气"。摄影、摄像构图要让画面气氛贯通流畅，既不许拥挤闭塞、密不透风，又忌讳空空荡荡、浪费画面。摄影、摄像构图的画面留白包括：天头留白、运动留白和关系留白。

4. 视觉重心

考虑观众的视觉重心。构图布局，主题应安排在画面接近中间部位，但又不能完全在正中心，要看主体对象的视向或运动方向。

5. 均衡

摄影、摄像构图要注意均衡。摄影、摄像构图还应注意画面完整、紧凑、稳定、和谐，防止重心下垂或失去平衡。

6. 想象空间

可以利用构图产生视觉上的想象空间，实现心理感受上的均衡。

可先通过图 2-2-7 的组图中的几个画面，体会一下画面构图的要求。

（a）

（b）

（c）

(d)

(e)

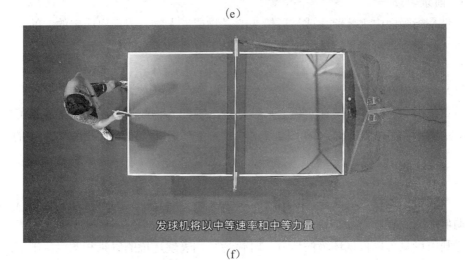

发球机将以中等速率和中等力量

(f)

图 2-2-7 构图的要点：平、准、留白、视觉重心、均衡、想象空间

（二）画面构图的内容

不管画面如何千姿百态、千变万化，艺术家和设计师如何匠心独运、别具一格，其构图的基本内容是相对固定的，即构图的五大要素：主体、陪体、前景、后景、背景。

1. 主体

（1）主体的内涵与特点

主体是画面所要表现的主要对象，是摄影、摄像师用于表现主体思想，构成画面的主要部分。如图 2-2-8（a）中的左侧击球者，（b）中的球拍，（c）中的人物。

主体在画面中既是内容表达的重点，又是画面的结构中心。

主体是画面中所要表现的主要对象，是画面存在的基本条件。主体在画面中起主导作用，通常是整个画面的焦点所在。

主体是画面的内容中心，又是构图的表现中心。主体安排得当，画面才有灵魂，事件才有依托。

一个画面可以只有主体，没有其他结构的内容，但是一个画面绝不能没有主体。

（2）主体在画面中的作用

①主体在内容上占有绝对重要的地位，承担着推动事件发展、表达主题思想的任务。

②主体在构图形式上起到主导作用，主体是视觉的焦点，是画面的灵魂。

2. 陪体

陪体是和主体密切相关并构成一定情节的画面构成部分。如图 2-2-8（a）中的执排球者与排球，（b）中的手，（c）中的球。

①陪体与画面主体有紧密联系，在画面中与主体形成某种特殊关系，或帮助主体进行主体思想表现的对象。

②陪体在画面中可以是完整的形象，也可以是不完整的形象。

③陪体在画面中是画面构图的重要组成部分，它的目的是陪衬、突出、烘托主体。

3. 前景

前景是指画面中主体前面或靠近镜头的景物或者人物，表现出一定的空间关系和人物关系。前景有时可能是陪体，但更多的情况下前景是环境的组成部分。

4. 后景

（1）后景内涵

后景是指和前景相对，在主体之后、背景之前的人物或景物。画面中后景可以是陪体，也可以是环境的组成部分。如图 2-2-8（b）中的球拍以及握球拍的手，（c）中的场地和球门。

（2）后景的作用

①形成与主体特定的联系，增加画面表现内容，烘托主体形象，帮助主体解释主题，并推动事件的发展。

②利用后景可以再现环境的地方、时代特征，表现环境的气氛和意境，丰富画面的结构，产生强烈的生活真实感。

③增加画面空间深度和透视感，使画面呈现出多层次立体的造型效果。

5. 背景

（1）背景内涵

背景内涵是画面构图中可以看见的各层景物中的最后一层，是画面中距离摄像机最远的景物，是环境的重要组成部分。如图 2-2-8（b）中的人的身体部分，（c）中场地隔断与主体后的草皮场地。

（a）

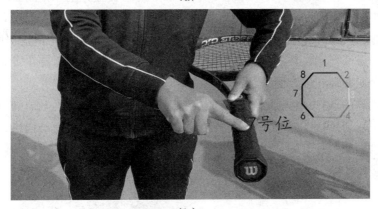

（b）

（c）

图 2-2-8　构图的内容：主体、陪体、前景、后景、背景

（2）背景的作用

①背景主要发挥环境表现的功能，通过表现人物和事件所处的环境，丰富画面内容，揭示画面内涵，反映出地理特征和时间特点，起到对主体烘托的作用。

②增加画面的景物层次，拓展画面的纵深空间，形成一定的透视关系。

③通过色彩、影调等视觉元素均衡视觉画面构图，美化画面，产生类似图案形式的美感。

（三）画面构图方法

构图的方法包括：黄金分割构图法、九宫格构图法、三角形构图法、中心构图法、对角线构图法、对称式构图法、S 形构图法、画框式构图法和放射式构图等方法。无论摄影作品、影视作品，还是我们研究的体育微课，凡是画面，都需要进行构图设计。

在体育微课中的运动画面，需要保持被摄主体在运动情况下的一致合理构图，具有一定的难度，但我们需要保持相对合理的构图和构图原则。下面介绍几种运动静态图像与视频拍摄过程中常用的几种典型构图，同时介绍几个在拍摄过程中，保持合理构图的方法和要领。

1. 黄金分割构图

在视觉艺术中，"黄金分割"为绝对的构图原理。"黄金分割"指画面的视觉中心点是画面对边中线交差点和画面两条对角线的交叉点。如图 2-2-9 中 A、B、C、D 4 个点，这 4 个点是画面的黄金分割点。在画面构图中，应该使主体围绕画面的几何中心点进行安排。如图 2-2-9 所示，在被摄主体支撑脚落地后的瞬间，基本保持在了黄金分割之处 A 附近。这个画面首先能充分表达支撑脚落地时脚与球之间的位置关系，同时也给接下来的摆动腿踢球的动作过程留出了运动路径描述的空间，而且，当触球脚与球接触瞬间特征也完全可以通过接下来的画面帧表达清晰。这个画面既符合运动描述突出表达的特征，也符合画面构图规则的要求，对学习者清晰技术动作以及产生正确动作联想具有积极的作用。

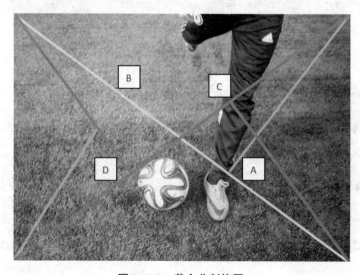

图 2-2-9　黄金分割构图

2．九宫格构图

　　在摄影或影视作品中，处理多个人物或者被摄物体时，常采用"九宫格"式构图方法，这种方法可以充分表现画面的美感，突出被摄主体和其他被摄对象。在体育微课画面中，针对多人项目的画面描述，需要根据运动特征描述来使用九宫格构图方法。器械单人项目中的人与器械之间的关系，也可参考九宫格的方法，让画面具有美感。但前提是要首先满足对运动特征的描述。如图 2-2-10 所示。

图 2-2-10　九宫格构图

3．三角形构图

　　三角形构图是指画面中排列的 3 个点或被摄主体的外形轮廓形成三角形，这是最常见的构图。三角形构图给人以稳定感。如图 2-2-11 所示，两名运动员与球台、运动中的球构成稳定的三角形。

图 2-2-11　三角形构图

4．中心构图

中心构图即为将主体放在画面的正中央。图 2-2-12 表达了支撑脚与球之间的位置关系，该静态图像取自视频的某一帧，即静帧画面，其前面是支撑脚跑定下位置，后面是摆动腿的脚踢球。整个视频画面构图以中心构图为主，突出表达了人体与球之间的位置关系。此中心构图将被摄主体脚部和球的关系表达得很清晰，有助于学习者对支撑脚与球之间的位置关系的记忆。

图 2-2-12　中心构图

5．对角线构图

对角线构图适用于拍摄"长形"主体或远景。对角线构图方法把拍摄的主体放在画面的对角线上，看上去很有延展性，便于视线的凝聚和引导。图 2-2-13 为远景的对角线构图，画面呈现的是运动员从白色箭尾跑过来，踢球向红色箭头方向。画面采用远景对角线构图，使学习者产生球被踢出的瞬间联想。对学习者判断踢球落地的训练大有益处。同时该构图法预示了球的运动轨迹，形成了视觉的方向引导。

图 2-2-13　对角线构图

6. 对称式构图

对称式构图适用于拍摄能够成对称位置关系的物或景。对称式构图的方法是从中间分割，两侧对称。拍出的照片看上去互相呼应，很稳重。图 2-2-14 为对称构图，使学习者感受到背景对称带来的画面稳定性，同时满足视觉平衡和舒适要求。

图 2-2-14　对称式构图

第三章　视频拍摄的技法

视频拍摄是体育微课采集视频素材的基本方法，在体育微课开发中，以视频拍摄获取视频素材的工作量是相当大的。因此，视频拍摄之前需要做好充分准备，包括体育微课的规划文案、视频素材的分镜头脚本等，同时要大致定义好画面间的逻辑关系，以规划方案、视频素材分镜脚本为纲领，指导实际视频素材的拍摄过程。当然，在实际拍摄中根据需要调整一些内容和镜头，也是可以的。规划环节和设计环节准备得越完善，获取素材的过程也就越顺利。在这个过程中，视频拍摄技法的高低也是决定视频拍摄质量和效率的重要决定因素。

一、拍摄技法

本研究以摄像机的拍摄为例，介绍体育微课视频拍摄的技法。摄像机的拍摄技法源于摄影技术，但又与摄影有很多不同之处，其中最主要的区别是摄影拍摄的是对象的瞬间（快门的速度），而摄像机摄录的是一个过程。体育微课画面主要是通过摄影机或摄像机摄录体育教学过程中人在体育运动产生的动作、运动技术，人与器械、人与人、器械与器械，以及人与环境、器械与环节、人与器械与环境之间的运动过程中的关系。由此反映体育运动特征与体育运动规律。

（一）摄像机及摄像机的安排

1．摄像机

摄像机是记录被摄对象的（动态）行为的设备，可简单理解为拍摄视频的设备。目前手机也具有记录被摄动态行为的功能。

2．摄像机的基本高度类型

摄像机的高度包括 3 种，分别是仰拍、平拍、俯拍。如图 2-3-1 所示。

3．摄像机的基本方向

摄像机的方向包括 4 个正向，即以拍摄主体正面相对为正面，其反方向为背面，其正侧 2 个方向为侧面。在正面、背面、侧面围成的圆上，以正面、侧面机位间 45°角，放置一个机位，同理产生的 4 个机位分别为前侧机位（2 个）、后侧机位（2 个）。如图 2-3-2 所示。

（二）静态构图与动态构图

1．静态与动态的关系概念

静态与动态的关系概念是指摄像机与拍摄对象形成的关系。

2．静态与动态的关系类型

从摄像机与拍摄对象的状态来看，存在以下 4 种关系：

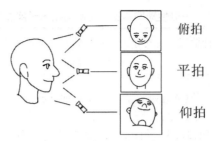

图 2-3-1 摄像机的基本高度类型

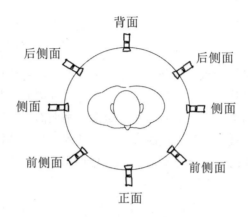

图 2-3-2 摄像机的基本方向

①摄像机（镜头）不动，拍摄对象不动。（静态构图、固定画面）

②摄像机（镜头）不动，拍摄对象运动。（动态构图、固定画面）

③摄像机（镜头）动，拍摄对象不动。（动态构图、运动画面）

④摄像机（镜头）动，拍摄对象运动。（动态构图、运动画面）

在体育微课中②④是经常被使用到的。

3. 静态构图与动态构图画面保持要求

一般性静态构图固定画面拍摄长度参考数据为：一个摄像画面不短于 3s，这是一个关于画面停留的最基本的要求。除此之外，表 2-3-1、表 2-3-2 提供了关于不同景别，不同运动特征的参考时间。表中的规律同样适用于运动画面的拍摄。

表 2-3-1 一般性静态构图固定画面拍摄长度参考数据

景别	一般使用长度	实际拍摄长度
远景	7s 左右	10s 左右
全景	6s 左右（5—8s）	9s 左右
中景	5s 左右（3—5s）	8s 左右
近景	4s 左右（2—3s）	7s 左右
特写	3s 左右（1—2s）	6s 左右

表 2-3-2　一般性动态构图固定画面拍摄长度参考数据

一般性运动（如人物向前走向后走）	此种情况运动对象的运动方向与摄像机镜头指向形成的角度比较小，一般拍摄 10s 左右
对一般性运动做出入画处理	一般在运动对象入画前 3s 即开始拍摄，出画后仍需拍摄 3s 左右
周期性运动（如捶打铁钎动作）	一般拍摄 3 个周期左右，主要是为后期选择剪辑点提供充分条件。（高速的体育运动的视频画面可以延长至 5 个周期）

（三）镜头

1. 镜头的概念

镜头是摄像机（电影摄影机）从开机到停机之间的一次完整地不间断地摄取的、连续的、留有影像画面的胶片（数字）片段，它是影片（视频）的基本单位，对它的组接就构成了电影（视频）的语言问题。对与体育微课的画面而言，组接镜头表达的不仅是体育课程中的知识逻辑、技术逻辑，同时针对运动技术本身的特征的描述也应符合学生的认知特征。从画面角度也应符合美学特征。镜头包括两种类型：固定镜头、运动镜头。

2. 固定镜头

（1）固定镜头概念

指摄像机不动时的拍摄镜头。对应上述静态与动态构图中的①②两种情况。

（2）固定镜头拍摄要领

固定镜头拍摄要领是实现画面的"稳""平""实""美"。

①画面稳定：拍摄操作必须持稳摄像机，确保实现画面稳定，凡有条件的尽可能使用三角架或其他固定机身拍摄方式。图 2-2-11、图 2-2-12 等都属于固定镜头拍摄的画面。

②"宁晃勿抖"：如果徒手持机拍摄，万一稳不住，请记牢"宁晃勿抖"，因为"抖"比"晃"更难让人接受。在运动画面的拍摄中，由于很多运动画面都为高速画面，若镜头"抖动"不仅仅是看着难受，而且画面会出现"重影"形成废片。

③构图美观：正确构图，做到景别"准"，构图"平"，画面形式"美"。

④焦点聚"实"：精确聚集，确保焦点聚"实"。

⑤曝光准确：根据拍摄意图，正确控制曝光。

3. 运动镜头

（1）概念

运动镜头是相对定位镜头而言的，指摄像机的运动所带来的画面的运动效果。一般一个标准的、规范的运动镜头的拍摄应包括 3 个部分：起幅、运动过程、落幅。

起幅、落幅：开机拍摄之后、展开正式运动之前与运动结束之后、关机完成拍摄之前会分别有两段相对固定不动的时刻。在这两段固定时刻中，拍摄的画面便称为起幅、落幅。

每一个运动镜头都要有"起"有"落"，而起幅和落幅需要有明确的内容要求、路线要求和形式要求。时间上一般而言，起幅和落幅应为 3 秒。

（2）运动镜头的用法与类型

运动指摄像机的物理运动和在组接镜头的蒙太奇剪辑中的叙述运动。相对于固定镜头，运动镜头有推、拉、摇、跟、移、升、降或甩等七八种基本类型。

4．镜头的位置

镜头的位置与摄像机的位置相关，也为：仰拍、平摄、俯拍。

5．镜头代表的视角

客观镜头、主观镜头（导演视角）等。

6．空镜头（空镜）

又叫"景物镜头"，是指画面中没有人。空镜头与常规镜头可以互补而不能代替，是导演阐明思想内容、叙述故事情节、抒发感情的重要手段。

7．镜头与景别的关系

在影视作品中，镜头与景别之间有着密切的关系。在体育微课画面中，镜头与景别的关系不仅取决于所要表达的内容，同时还要兼备艺术审美。从艺术的角度来说，镜头与景别的关系如表 2-3-3 所示，从体育微课角度来讲，景别与镜头的关系在景别部分已有阐述，这里不再赘述。

表 2-3-3 镜头与景别的关系

景别分析	全景系列镜头 （大远景、远景、大全景、全景）	近景系列镜头 （中景、近景、特写、大特写）
1	抒情的、写意的	叙事的、纪实的
2	画面强调"势"	画面强调"质"
3	表现人物"形体"关系	表现人物"神态"关系
4	空间"实"写	空间"虚"写
5	大景深、背景实像	小景深、背景虚像
6	地平线与人物关系很重要	地平线与人物关系并不重要
7	画面气氛十分重要	画面构图十分重要
8	环境为主人物为辅	人物为主环境为辅
9	构图更注重绘画性	构图更注重随意性
10	画面角度不太重要	画面角度十分重要

8．镜头的叙述长度

（1）概念

在剪接中，决定镜头长度时主要考虑将内容叙述清楚，这种镜头的有效长度叫镜头的叙述长度。

（2）叙述长度特点

通常比同内容的叙述长度要长。对于影视作品镜头的叙事要注意以下几个要点。

①特写、近景延长时间；

②动作之前留出情绪反应时间；

③动作之后留出情绪延续时间；

④空镜头的运用。

在体育微课画面中，在叙述长度上要注意的是：第一，内容表达完整；第二，注意画面内容的繁简程度（景别）。

9．镜头的比较长度

（1）节奏

节奏是指影视作品中用来表示镜头感染力强弱程度的曲线。它由内容和剪辑两个因素决定。在体育微课中，节奏由课程内容、授课对象的特征所确定，同时也受课程表达的影响。

（2）剪接率

剪接率是指在一定长度的放映时间里包含的镜头个数。

（3）镜头的比较长度

在剪接中，通过逐步加快剪接率，使镜头长度有规律地一个比一个简短，从而加快节奏，这种镜头的长度叫作比较长度，一般只限于景别相近、内容分量相当、共同表现同一事件或同一思想感情的一系列镜头。

10．决定镜头长度的其他因素

（1）亮度因素；

（2）动静因素；

（3）运动拍摄因素；

（4）声音因素。

（四）镜头的组接

镜头的组接是影视作品后期实现导演思想的最重要的一个阶段。在体育微课制作中，镜头的组接也是课程内容表达逻辑的体现。下面介绍几个关于镜头组接的知识。

1．镜头组接（句子内）的原则

（1）符合客观规律和逻辑关系

包含视线、对话、事情发展的固有过程等方面。

（2）保持视觉效果的流畅

以动作、情绪或内容变化的交接点作为剪辑点。

2．注意事项

（1）两极镜头不宜进行组接；

（2）同机位同景别镜头不宜组接；

（3）动接动，静接静；

（4）注意轴线原则。

3．镜头组接的一般方法

（1）固定镜头与固定镜头组接

固定镜头与固定镜头组接如表 2-3-4 所示。

表 2-3-4　固定镜头与固定镜头组接

上镜头	组接方法	下镜头	原则
主体静止	根据画面造型因素及内容需要选择编辑点	主体静止	静接静
主体运动	上一运动完成后，与下一镜头组接需要选上一镜头的静止因素	主体静止	静接静
主体静止	上一镜头从静到动以后，与下一镜头组接	主体运动	动接动
主体运动	根据动作并结合画面造型因素选择剪辑点	主体运动	动接动

（2）运动镜头与固定镜头组接

采用"静接静"方式——在运动镜头里要留出镜头运动前的起幅画面和镜头运动结束后的落幅画面，以便用于"静接静"的处理。

（3）运动镜头与运动镜头组接

运动镜头与运动镜头组接如表 2-3-5 所示。

表 2-3-5　运动镜头与运动镜头组接

上镜头	组接方法	下镜头
主体运动	根据主体运动并结合画面造型因素	主体运动
主体静止	造型因素上考虑的重点 A 运动方向一致 "动接动" B 运动方向相反 "静接静"	主体静止
主体静止	以下镜头为主结合镜头运动快慢选择剪辑点 A "静接静"　　　　B "动接动"	主体运动
主体运动	上镜头主体运动完成时进行组接	主体静止

4．动作的分解和组合

摄像根据内容的要求，在拍摄活动的人和物时，从不同角度用不同景别拍摄成一组镜头。每一个镜头在完整的动作过程中都具有一定的代表性和相关性，选择不同角度、景别拍摄一个动作过程就是动作分解；把单独而零散的分解动作按照一定的顺序，重新组合成连续活动的视觉形象，就是动作的组合。

（1）解析法

解析法是把一个完整的动作折解成几个片断，选择几个有代表意义的片段进行拍摄，通过这些片断表现动作的完整过程。比如体育微课中的分解动作讲解。

（2）插入法

先用一个镜头完整地拍摄事件发展的全过程，然后再从中选择出一些高潮动作和片断进行重复拍摄，从而较完整地表现动作过程。比如体育微课中在完整动作过程插入关键动作的标注。

5．动作衔接（接动作）的要点

动作的衔接在影视作品中很重要，在体育微课中更加影响微课的整体性。而动作的衔接应选择适当的时机，"适当的时机"一般指动作姿态、方向、速度明显变化的时刻，比如：起身、落座、拥抱、握手、脱帽、回头、抬头、低头、转身、弯腰、直身、开关门窗……在体育微课中，动作衔接的时机，应在一个动作单元或动作元结束的时候，或是表达动作要点完毕之后。同时还要注意下面 3 个问题：

①避免不必要的动作重复；

②动作方向性；

③选择适当的长度。

6．三镜头法

在影视作品中常用的三镜头法，三镜头法是剪辑镜头最常用的一种方法，即指使用主镜头（或成双人镜头）、正拍的特写镜头、反拍的特写镜头加以组合进行表述的剪辑方法。此方法也经常被用于体育微课，如在不同拍摄位置表达一个动作的不同角度特征部署机位。因此，在体育微课视频或静态影像素材的拍摄中，多采用 3 个机位。在部署机位时，注意须在 180 度范围内部署，切不可超出此范围，以免镜头穿帮和越轴。

（五）画面

1．概念

画面是镜头衍生概念。有些时候人们把画面也称为镜头。

2．属性

画面的属性包括 3 个方面：

（1）是导演为观众开设的一个窗口，在体育微课中，画面是表达体育运动动作内容、动作的持续性等特征的基本单元；

（2）是二维形态，但能表现三维空间，在体育微课经常利用二维的画面体现三维场地、场馆等运动环境；

（3）有一定的边框约束，通常有 1∶1.375，1∶2.35，1∶1.66 或 1∶1.85 等比例。

3．镜头与画面

镜头有长短之分，所谓长镜头，并没有时间标准，只是相对于它前后的镜头长度而言的。

（六）轴线与机位

1．概念

轴线与机位是指被摄对象的视线方向、运动方向以及其和对象人物之间的关系所构成的一条假想中的直线。

2．轴线有 3 种

视线方向的轴线、运动方向的轴线和人物关系方向的轴线。图 2-3-3（a）为视线方向的轴线，图 2-3-3（b）为运动方向的轴线。

双脚脚内侧交替触球向前推进

（a）

（b）

图 2-3-3　视线方向的轴线与运动方向的轴线

（七）拍摄技巧

目前，手机的视频功能非常强大，越来越多的体育微课设计与制作者都来自一线教师，在视频素材采集过程中，手机成为最常用的拍摄工具。这里将手机的拍摄技巧也一并合集到摄像机的拍摄技巧中。

1. 手机相机横置拍摄

将手机相机横置拍摄，会让被摄体有视觉呼吸空间。如图 2-3-4 所示，在拍摄主体跑的动作时，主体要从一方跑到另一方，这时就需要一个广阔的空间，将手机相机横置拍摄。

图 2-3-4　手机相机横置拍摄

2．留白

在拍摄时，最好让头部空间大一些，但不能过大，否则会显得特别空旷。如图 2-3-5 所示，在纠错环节，需要主体和学习者进行对话，这时拍摄时就需要给两位被摄者头部上方留有一定的空间。

图 2-3-5　留白与服饰色彩反差

3．背景简单化

拍摄的时候最容易犯的一个错误就是忘记考虑背景，一个杂乱的背景会分散人的注意力，致使找不到画面的焦点。想办法获得一个干净的背景，这一点很重要，一定要尽力让背景越简单越好，这样才能突出主体，将观看者的注意力聚集在拍摄主体上，不被其他干扰因素所影响。在拍摄体育微课时，必须尽最大可能选择一个简单或相对简单、干净的背景。背景的颜色要与拍摄主体的衣服颜色有较明显的对比，这样就能更加清晰地将动作呈现给学习者。图 2-3-5、图 2-3-6 中就是采用的单一背景，有利于清晰地展示每一个动作，将观看者的注意力聚集在拍摄主体上，不被其他干扰因素所影响。

图 2-3-6　背景简单化

4. 俯视和仰视角度

仰视拍摄也就是低视角拍摄能让你的拍摄物显得比它本身更大一些。这种角度更让人印象深刻。如图 2-3-7 所示，这样可以使得主体的形象更加高大，帮助学习者更深刻地学习动作。

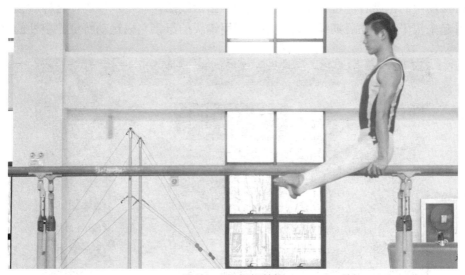

图 2-3-7　仰视拍摄

影视作品中的俯视角度给人一种上帝视角的感觉。从俯视角度交代的画面，观众能瞬间了解全局，不论拍照还是拍视频，俯视拍摄是必备的角度之一。在体育微课中，俯视的画面更多的是为了表达运动特征。为了告诉学习者，跳入沙坑后的重心要迁移，如图 2-3-8 主体跳到沙地中身体前倾、手扶沙地，采用的就是俯视拍摄，以清晰地呈现主体身体前倾、手扶沙地的状态。

图 2-3-8 俯视拍摄

5．水平线倾斜

水平线倾斜是最容易犯的一个错误，特别是在一些有直线横线的题材上，例如海边水平线、高楼大厦、建筑物、栏杆等，如果在拍摄时没有留意水平线，整幅画面便会显得斜斜的，看起来不太平稳、令人产生不安全的感觉。在体育运动场景中，避免不了由于呈现运动特征而失去水平线倾斜的状态，但此时一定要尽可能保障画面中视觉中心附近的参照系的水平线。如图 2-3-9 所示，主体示范 50 米跑时，需要从一处跑到另一处，背景时操场中的主席台，可利用定位、跟拍等拍摄技法，保持水平线。这样就使得整个画面看起来很平稳。在后期编辑过程中，利用镜头的组接完成运动特征完整性的描述。

两臂以肩为轴摆动

图 2-3-9 水平线倾斜

6.合理使用景深

景深在拍摄中很有用，但并不意味着每张相片都要用这种拍摄手法。在非体育微课画面中，景深要多浅是需要视乎情况的，如果拍摄风景照，通常希望全部景色都在景深范围中，这时有丁点儿模糊也会破坏整体的气氛和效果。但如果是拍摄特写，地上的落叶、湖边的小石头等，一个浅景深可以令相片更有深度和突出主体，能为作品加分。在体育微课画面中，景深用于描述动作的瞬间肢解间以及肢体与运动器械间的前后位置关系。如图 2-3-10 所示，描述"膝关节稍屈"，这时需要展示膝关节，可合理运用景深将背景虚化。

图 2-3-10　背景虚化

7. 画面要有层次

在选取摄影画面时，要充分考虑前景、中景、背景与被摄主体的主从关系。比如将被摄主体置于镜头的前景，而背景纵深虚化，或者透过窗户、镜子等拍摄被摄主体。这都能为画面增加内涵和趣味性。在体育微课拍摄的画面中，要利用层次，表达运动特征。如图 2-3-11 所示，主体在示范踢球动作时，考虑足球、被摄者和背景之间的关系，将镜头前侧对着被摄主体，画面可交代足球与身体、腿、脚的位置关系。

图 2-3-11　画面中的层次

8. 改变拍摄角度

拍摄者可以寻找不同的拍摄角度来打破画面的单一性，正面、侧面、平视、仰视等多视角多尝试一下，会为摄影作品增添情趣。体育微课的拍摄角度依然是要以呈现运动特征为第一原则。如图 2-3-12 所示，不仅需要拍摄主体的正面示范，还要拍摄主体的侧面示范，这样可以帮助学习者更加清晰地、全方位地看到动作。

图 2-3-12　改变拍摄角度

9．光线

如果是选择室外拍照的话，建议大家尽量选择光线均匀，光线比较好的地方拍摄，并且尽量利用自然光拍摄效果更佳，需要注意的是在室外拍照最好不要在由阳光直射的地方拍摄，因为光线过强也会影响照片效果。另外如果在光线很强的条件下，尽量背对光线拍摄，强烈的背光会让背景有一些模糊的美感。体育微课中，由于所要拍摄的运动主体有其特定的运动轨迹和运动形态，无论是室内场景还是室外场地的拍摄，尽可能选择阴天，以避免光影实时变化对画面中主体的影响，如逆光造成的人的阴阳脸，窗户进来光线产生的光斑等。如需在晴天拍摄，要尽可能避免正午时分。图 2-3-13 呈现的是下午室外场地的强烈的阳光光线下的特征。

图 2-3-13　室外光线

但若室内光线不足，白天拍摄又无法通过室内光线补光的情况下，可借助窗户透进的光线来弥补光线的不足，有条件的话可以利用合适的补光灯等设备。如图 2-3-14 所示。

图 2-3-14　室内光线

10．曝光

曝光是摄影中的专业术语，是指被摄物体发出或反射的光线通过照相机镜头投射到感光片上发生的化学或物理变化，产生显影的过程。曝光可以通过光圈、快门、感光度的组合来控制。手机很早就可以实现对于曝光补偿的控制了。拍摄时，点击屏幕中最重要的拍摄元素之后，会出现一个小太阳或者曝光补偿符号，往上拖画面会变亮，往下拉画面会变暗，这就是控制曝光。利用手机的曝光补偿控制调整后的光的状态如图 2-3-15 所示。

图 2-3-15　曝光

11．用引导线来构图

引导线就是我们在摄影构图时，利用线条来引导观看者的注意力，达到突出拍摄主体，诠释画面主题的目的，如图 2-3-16 所示的跑道线条。

图 2-3-16 引导线构图

12. 用手机拍出更稳画面的技巧

视频画面稳定并不意味着画面是静态的。体育微课所呈现的是体育运动动作的呈现，是动态的，重要的就是使画面稳。视频画面内的运动主要分为 3 种：第一种是相机固定被拍主体移动；第二种是相机移动，被拍主体不动；第三种是相机和被拍主体同时移动。

通过不同机位、不同景别的切换，固定机位拍摄的内容也会变得很有趣。所以用手机拍摄更稳定视频的第一个技巧，就是在有可能的情况下，尽量用固定机位拍摄，而不是盲目追求各种运动。

常见的做法有以下几种。

（1）稳定拍摄动作与拍摄姿势

在手持拍摄时，尽量避免手腕的左右上下移动，同时，把手臂也放到自己最稳定、最舒适的位置。前进或者后退，步伐不宜太大。尽量保持身体重心在一个水平面上。如果需要调整角度，尽量用腰部缓慢转动代替手臂和手腕的移动。

（2）使用高帧速率拍摄

在默认拍摄模式下，手机每秒拍摄 25~30 个画面，也就是帧速率是 25fps 或者 30fps。在拍摄设置内，把帧速率调到最大，比如 60fps，这样的话，可以拍到比默认模式更多、更细腻的画面信息。

（3）利用画面前景内容

在没有前景参考时，即使拿着手机移动很远的距离，观看者也很难感受到手机拍摄位置的移动。如果把镜头附近的物体和远处的内容结合起来，即使很小幅度的移动，因为前景快速变化，观看者也更容易感受到画面内的动感。

（4）拍摄延时视频

在拍摄时，可以在取景框内选择一个参考点，然后在被拍主体上选择一个参考点。位置移动过程中尽量确保两个参考点的重合，最终会得到一个相对稳定的画面。

（5）使用稳定辅助工具

常见的有滑轨和稳定器等。

例如，在之前拍摄《足球》《跑》《跳》《投》等微课素材时，借用了一个小型三角支架稳定视频画面，因为拍摄的是体育微课，拍摄主体需要运动，尤其是《跑》微课中的画面，拍摄主体需要跑起来，因地制宜可以借助滑板作为轨道车进行拍摄。如图 2-3-17 所示。

图 2-3-17　使用稳定辅助工具

13. 手机究竟怎么拍摄背景虚化

拍摄时使用手机，一般来说，拍摄主体离镜头稍微近一点，更容易拍出景深效果。

在用视频形式捕捉前景深画面时，还需要注意的是对焦问题。因为手机拍一次画面，对一次焦。但是在拍视频时，如果手机位置移动或者拍摄对象移动，对焦难度就大很多，建议拍视频时能固定则尽量固定，这样对焦点就基本不会偏移。如果需要移动，尽量让拍摄主体左右移动，这样对焦距离也不变，比较容易对焦。还有一种办法是锁定对焦点，这样能非常有效地减少画面内焦点被其他移动内容带跑的可能性。如图 2-3-18 所示，脚触球动作时，就是对焦方法，将焦点放置于脚和球的接触部位，其余的虚化。

图 2-3-18　手机拍摄背景虚化

14．手机拍视频时推镜头与拉镜头的运用

轻松随意地移动手机拍摄也带来了另外一个问题，那就是在拍摄移动镜头时太过随意，完全没有章法。

当拿起一部手机拍视频时，可以把手机的取景框想象成自己的眼睛，如果对一个内容感兴趣，肯定会不自然地往前走近，镜头运动也类似。手机向拍摄对象推近的运作方式叫作推镜头。当靠近一个物体时，感觉排除了很多无关信息，眼神越来越集中到眼前的物体上，这就是推镜头的第一个作用，排除杂乱内容，让观看者了解更多的细节。比如镜头从一个人的全景逐渐切换到中景再到特写，观众一下子感觉减少了距离感。

另外，当镜头后退，画面信息逐渐增多时，就出现了拉镜头。想表达由点及面逐渐介绍拍摄对象所在环境时，拉镜头非常合适。随着镜头往后拉，观看者与拍摄对象的距离逐渐增加，会产生越来越强的距离感。

二、手机以及辅助设备的应用

手机作为通信工具，已经成为人们生活的必须品。随着手机的智能化及其功能的完善与丰富，拍摄照片与录制视频，已经成为手机的基本功能。同时，随着数字化教育的深入改革，手机已经成为制作微课不可或缺的设备。这里为大家介绍几款市面上用的比较多的手机品牌和型号，并针对其拍照和拍摄功能予以讲解。同时，在针对体育微课的应用上，我们也将给大家介绍一些手机拍摄的辅助设备。

（一）手机介绍

1．华为

表 2-3-6 为两款华为手机的技术参数对比表。

2．iPhone

3 款对比机型为 iPhone8、iPhone XS Max、iPhone11 Pro Max，如图 2-3-19（a）（b）（c）所示。

综上所述，iPhone8、iPhone XS Max、iPhone11 Pro Max 3 款机型经历了从单摄到双摄再到三摄的转变；iPhone8 支持 5 倍数码变焦，iPhone11 Pro Max 支持 10 倍数码变焦、2 倍光学变焦（包括放大和缩小），而 iPhone XS Max 同样支持 10 倍数码变焦、2 倍光学变焦，光学变焦却只包括放大；扩展的动态范围适用性有所提升；音频变焦、视频快录功能、立体声录音等功能有所变化。在本课题的研究几年的时间中，手机的发展也是日新月异。这里对目前发售的手机不再赘述。

表 2-3-6 两款华为手机的技术参数对比表

型号	主屏分辨率	后置摄像头	前置摄像头	光圈	视频拍摄	拍照功能	其他摄像头参数	视频支持
Mate30	2340x1080像素	4000万像素主摄镜头+1600万像素超广角镜头+800万像素长焦镜头	2400万像素	后置f/1.8+f2.2+f/2.4 前置f/2.0	后置：最高支持4K（3840×2160，30帧/秒）视频录制 720P（1280×720，960帧/s）慢动作视频录制 前置：最高支持FHD+（2336×1080）视频录制	能滤镜，水印，文档矫正，AI摄影大师，动态照片，4D预测追焦，熄屏快拍，笑脸抓拍，声控拍照，定时拍照，连拍，自动对焦 前置摄像头：人像模式，全景模式，乐趣AR，延时摄影，动态照片，智能滤镜，水印，笑脸抓拍，自拍镜像，声控拍照，定时拍照	支持OIS/AIS防抖，后置支持3倍光学变焦，5倍混合变焦，30倍数字变焦。后置摄像头：最大可支持7296×5472照片像素 前置摄像头：最大可支持5632×4224照片像素	支持3GP/MP4等格式
P20Pro	2240x1080像素	4000万像素+2000万像素+800万像素	2400万像素	后置f/1.8+f/1.6+f/2.4，前置f/2.0	最大可支持3840×2160像素30fps 支持960fps超级慢动作视频	前置：固定焦距 后置：激光对焦，深度对焦，相位对焦，反差对焦 AI摄影大师，3D人像光效，5倍三摄变焦，4D预测追焦，华为AI防抖，960fps超级慢动作视频，3D动态全景，大光圈，黑白相机，流光快门，超级夜景，全景，HDR，人像模式，美肤录像，熄屏快拍，笑脸抓拍，声控拍照，定时拍照，触摸拍照，水印，文档校正，延时摄影，乐趣AR	前置：最大可支持5632×4224 后置：最大可支持7296×5472	支持3GP/MP4等格式

iPhone 8	iPhone XS Max	iPhone 11 Pro Max
单摄：1200 万像素广角	双摄：1200 万像素广角及长焦	三摄：1200 万像素超广角、广角及长焦，支持夜间模式
FaceTime 高清	**原深感**	**原深感**
700 万像素摄像头 支持 1080p 高清视频拍摄 (30 fps)	700 万像素摄像头 支持 1080p 高清视频拍摄 (最高可达 60 fps)	1200 万像素摄像头 支持 4K 视频拍摄 (最高可达 60 fps)

（a）

摄像头

单摄：1200 万像素广角	双摄：1200 万像素广角及长焦	三摄：1200 万像素超广角、广角及长焦
广角：$f/1.8$ 光圈	广角：$f/1.8$ 光圈 长焦：$f/2.4$ 光圈	超广角：$f/2.4$ 光圈 广角：$f/1.8$ 光圈 长焦：$f/2.0$ 光圈
—	—	夜间模式
—	—	自动调整
光学图像防抖功能	双摄像头光学图像防抖功能	双摄像头光学图像防抖功能
最高可达 5 倍数码变焦	2 倍光学变焦 (放大)；最高可达 10 倍数码变焦	2 倍光学变焦 (包括放大和缩小)；最高可达 10 倍数码变焦
原彩闪光灯，支持慢速同步	原彩闪光灯，支持慢速同步	亮度更高的原彩闪光灯，支持慢速同步
—	人像模式，支持先进的焦外成像和景深控制	人像模式，支持先进的焦外成像和景深控制
—	人像光效，支持六种效果 (自然光、摄影室灯光、轮廓光、舞台光、单色舞台光和高调单色光)	人像光效，支持六种效果 (自然光、摄影室灯光、轮廓光、舞台光、单色舞台光和高调单色光)
自动 HDR 照片	智能 HDR 照片	新一代智能 HDR 照片

（b）

视频拍摄

4K 视频拍摄，24 fps、30 fps 或 60 fps	4K 视频拍摄，24 fps、30 fps 或 60 fps	4K 视频拍摄，24 fps、30 fps 或 60 fps
1080p 高清视频拍摄，30 fps 或 60 fps	1080p 高清视频拍摄，30 fps 或 60 fps	1080p 高清视频拍摄，30 fps 或 60 fps
—	扩展的动态范围适用于最高达 30 fps 的视频拍摄	扩展的动态范围适用于最高达 60 fps 的视频拍摄
视频光学图像防抖功能	视频光学图像防抖功能	视频光学图像防抖功能
最高可达 3 倍数码变焦	2 倍光学变焦（放大）；最高可达 6 倍数码变焦	2 倍光学变焦（包括放大和缩小）；最高可达 6 倍数码变焦
—	-	音频变焦
—	-	视频快录功能
慢动作视频，1080p (120 fps 或 240 fps)	慢动作视频，1080p (120 fps 或 240 fps)	慢动作视频，1080p (120 fps 或 240 fps)
延时摄影视频，支持防抖功能	延时摄影视频，支持防抖功能	延时摄影视频，支持防抖功能
—	立体声录音	立体声录音

（c）

图 2-3-19　苹果手机 3 款机型对比

（二）拍摄模式及操作方式介绍

应用手机拍摄照片和视频，就手机功能大致相同。这里以 iPhone 手机为例为大家介绍。

1. 模式选择

iPhone 强大的相机功能在体育微课的拍摄中得到了验证。只须在【相机】应用功能中滑动即可查看和使用不同的模式，不同模式适用于不同的情景，可以根据自己的需求进行使用。

（1）照片模式

打开【相机】应用后，会进入默认的标准模式【照片】，可以通过这种方式拍摄传统的静态照片。在 iPhone 6s 之后的机型，还可以拍摄实况照片。摄像头会自动对图像进行对焦，并根据所对准的主体调整曝光度，确保一开始就可以拍出明亮锐利的照片，而且还可以针对特定区域更改摄像头的焦点和曝光度。拍摄照片之前，在屏幕上轻点需要调整的位置，按住屏幕，直到看到【自动曝光/自动对焦锁定】，即可以将焦点对准这一点并使用它的曝光度。

（2）人像模式

在使用 iPhone 7 Plus、iPhone 8 Plus、iPhone X 等设备时可以利用人像模式拍出精彩的人像照片，使用双摄像头创造景深效果，拍出主体清晰、背景模糊柔美的照片。

具体操作方法：打开【相机】，并滑动到人像模式，在看到黄色的【景深效果】框时拍摄照片。注意，在 iPhone 8 Plus 和 iPhone X 上，可以为人像模式添加多种工作室级别的照明效果，可以在完成拍摄后，在【编辑】界面，可选【摄影室灯光】【轮廓光】【舞台】等效果。

（3）正方形模式

正方形模式会将相机屏幕的边框限制为正方形，经过优化的照片适用于众多社交媒体应用，拍摄完成后人们可以迅速在自己喜爱的社交平台上进行分享。

（4）全景照片模式

全景照片可以捕捉风景全貌，拍摄广角照片，全景模式会在屏幕中央显示引导条，辅助拍摄。如果想从左侧开始拍摄，就确保箭头指向右侧；如果想从右侧开始拍照，可以轻点箭头以更改方向。此时点击快门，将相机从拍摄场景的一侧沿直线缓慢移动到另一侧，尽量让箭头始终沿着黄色引导线移动。

（5）慢动作模式

慢动作拍摄可以延长精彩瞬间，在慢动作模式下，视频会照常录制，但在回放时，可以看到慢动作效果，还可以编辑视频，在所选时间开始和停止播放慢动作视频。慢动作在体育微课拍摄中经常被用到。速度是体育运动的特征，体育运动中的动作有时用常速拍摄并不能把动作描述清楚，此时需要高速摄影来进行拍摄，但日常一般老师的体育微课的开发基本为无资金或只有很少的资金支持，很难支付高速摄像机、补光等设备以及高速摄像机使用的专业人员租用的支出。手机慢动作的功能解决了这一问题，为体育微课的制作带来可能和便捷。

（6）延时摄影模式

以动态选择的间隔时间拍摄连续镜头，可以创造出延时摄影视频，在进入延时摄影模式点击快门键后，摄像头会定期拍摄照片，直至再次点击快门按钮。

（7）专业模式

截至 2019 年，我们所采用的苹果手机设备还没有专业模式。但苹果手机用户想要拍出更加专业的照片，可以下载 App Store 里的 Adobe lightroom，这样用苹果相机也能拍出专业级的照片。

使用方式：

①点击进入 Lr 主界面，然后点击右下方的相机，即可进入 Lr 内置的相机。

②点击【自动】，页面会弹出【专业】【高动态范围】等一些功能，点击选择【专业】模式。

③进入专业模式后，可以设置调节快门时长（Sec）、感光度（ISO）、白平衡（WB）等关键参数，拍出一张曝光准确、主体清晰的照片。

④点击相机正上方的 DNG 按钮，可以选择拍摄照片的格式，右下角的按钮可以开启曝光锁定和相机预设效果，根据自己的需要来进行设定即可。

2．调整焦距

选取自己想要拍摄的对象，用手指轻轻点一下画面中的图像，这时候会出现【自动聚焦】的框体，下方也会出现【调整焦距】的拖动条。根据拍摄需要的场景和景别调节拖动条，调整焦距即可。

3．进行对焦

iPhone 对焦分为两种方式，第一种是相机自动对焦，无须人为干预；第二种是根据自己的需要进行手动对焦。

手动对焦的方法：在取景框用食指点击想对焦的物体，即可完成对焦；按住焦点启用 AF 锁定功能：在使用 iPhone 拍摄时，如果需要固定对焦点、获得更清晰的效果以及固定曝光，可以按住对焦框，便可锁定自动对焦焦点。

4. 曝光调节

如果拍摄场景偏暗或过亮，在拍摄时只要按住焦点并上下滑动，就可以调节曝光值，这是 iOS 8 中提供的新功能。

5. 光线选择

（1）光照射角度

手机拍摄与录制微课时，应选择阳光条件良好的时刻。一般户外摄影用的最广泛的是太阳与地面成 25°～60°角照射的时刻。这时的光线是斜射的，地面景物的垂直面和水平面都受光。这种斜射的光线对表现物体的立体效果很显著，而且形成的投影轮廓变化多，不显得呆板，画面的影调层次相对丰富，能有力地表现空间感。尽量不要选择中午顶光照射的时刻录制拍摄。

（2）光照射方向

手机拍摄与录制微课时，一般使用顺光与侧光较多。顺光即"正面光"，指光线从摄影者背后投向被摄主体，这样的光线可以使被摄主体更加清晰明亮。采用顺光拍摄人像时，被摄人物脸部及身体绝大部分都直接受光，阴影面积小，亮度均匀，影调较为柔和，在这样的光线环境下，主体色彩以及形态等细节特征都可以得到很好的表现。前测光指自主体左侧或右侧的光线，并且光线的照射方向与相机的拍摄方向形成 45°的水平角度，利用侧光拍摄，可以使被摄主体产生较为鲜明的明暗对比效果，使画面非常有质感。

6. 其他

（1）使用连拍模式拍摄运动场景

如果拍摄运动场景，建议使用 iPhone 的连拍模式来获得更精准的抓焦效果，只要按住相机快门，便可从照片库中选择效果最佳的照片。

（2）适当使用 HDR 功能

HDR（高动态范围图像）是目前手机普遍提供的拍照功能，在一些高对比度光源场景中，会发挥更好的效果，能够提高暗处的亮度同时减轻过曝现象，可以选择在合适的场景中使用。首先，开启 HDR 模式，以确保高光和阴影部分都能看得比较清晰。然后轻点屏幕上的拍摄对象，并锁定对焦。下滑测光值，降低曝光量，直到画面大部分都能清晰显示，这样可以使画面中的高光部分和阴影部分都可以清晰正常地显示。

（三）视频录制参数及操作方式

视频参数需要在【设置】中选择，一般设置为 1080p HD 30fps，因为这个参数拍摄的画面比较流畅而且占内存较少；如果后期需要做减速效果的，可以选择 1080p HD 60fps；如果对画质有极高的要求，可以选择 4K、60fps，这是最清晰也是最流畅的，同样，也是占内存最大的。拍摄体育微课建议使用 4K、60fps，高帧频录制可以提供更加优质的视频效果。

打开方法为【设置】-【相机】-【录制视频】，如图 2-3-20 所示。

（a）

（b）

图 2-3-20　视频录制参数及操作方式

三、辅助工具

（一）三脚架

三脚架用于固定相机以保障画面的稳定性。拍摄视频的三脚架大致分为两种：一种是手持类小巧的桌面三脚架。一些 Vlog 拍摄者非常喜欢这种三脚架，非常方便，随时随地放置，而且也可以以自拍杆的形式进行自拍。变形的八爪鱼三脚架则可以固定在树上或栏杆上。如图 2-3-21（a）所示。

另一种是拍摄视频的专业三脚架和普通的三脚架。专业三脚架和普通的三脚架有所区别，专业三脚架可以通过独有的液压云台，进行顺滑、稳定的左右上下摇动拍摄，但是比较重，不易携带。而普通三脚架可以通过 360°旋转云台，轻松实现俯拍、仰拍、侧拍等不同角度拍摄需求，收放自如，方便收纳易于携带。如图 2-3-21（b）（c）所示。

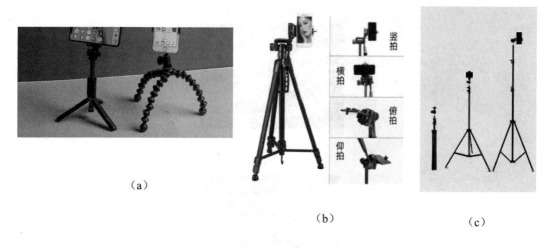

（a）

（b）

（c）

图 2-3-21　三脚架

（二）补光灯

补光灯是用来对某些由于缺乏光照度的设备或植物进行灯光补偿的一种灯具。目前补光灯通常有 3 种，一种是摄像温室补光灯（也叫植物补光灯）、摄影补光灯（也叫摄影灯或相机补光灯）、车牌补光灯（也叫白光灯）。这里说的是摄像补光灯，也叫摄像灯、机头灯、新闻灯等。其主要作用是在缺乏光线条件情况下拍摄时提供辅助光线，以得到合理的画面素材。分为可调控和不可调控色温两种。如图 2-3-22 所示。

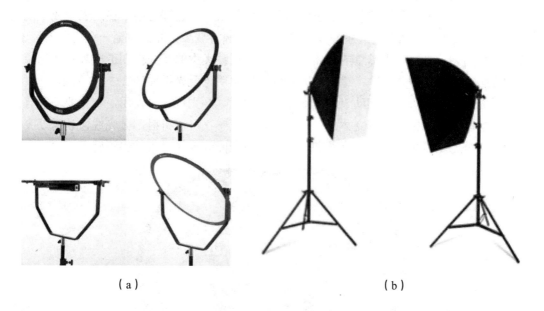

（a）

（b）

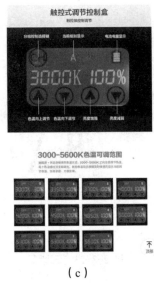

（c）

图 2-3-22　补光灯

（三）反光板

反光板是拍摄时所用的照明辅助工具。用锡箔纸、白布、米菠萝等材料制成。反光板在景外起辅助照明作用，有时做主光用。不同的反光表面，可产生软硬不同的光线。反光板面积越小，效果越差。反光板的主要两种类型为：硬反光板及软反光板。硬反光板是一种高度抛光的银色或金色反射光源的平面。硬反光板在室外使用效果非常出色。软反光板，通常为金色、银色、白色或这些色彩的组合。它拥有不平整的表面或不规则的纹理，光线在其平面上会产生漫反射的效果，光源将被柔化并扩散至一个更大的区域。你可以使用软反光板作为场景或物体的主光源。这种类型的反光板创造出和扩散光源类似的光影效果。这种效果非常适用于人物的脸部照明。反光板如图 2-3-23 所示。

反光板作为拍摄中的辅助设备，通常与三角架、补光灯同时使用，其主要功能有：让平淡的画面更加饱满，有立体感，体现良好的质感；可以折射部分光线，让需要突出的细节部分拍摄得更清晰；补光柔和，不会造成闪光灯补光带来的尖锐感。

图 2-3-23　反光板

（四）领夹式麦克风

系无线麦克风的一种，一般属于电容方式麦克风，可适用于大型流动会议、录音、公众传播、户外演讲、授课讲学等场合。领夹外形的麦克风，含充电电池只有 20g 重，是目前市场上同类 2.4G 产品中体积最小、重量最轻的产品。而且，它对使用者无任何着装要求，长时间使用也没有负重感。方便随身携带，既干净卫生又容易管理。这种麦克风绿色环保，拥有超低的无线发射功率，电磁波辐射只有普通手机的 1/90，可以避免长时间处于高频较大功率无线电波环境中对人体带来的损害，名副其实的"绿色无线咪"。采用可循环充电的锂电池供电方式，避免一次性使用的干电池对环境产生的破坏。图 2-3-24 为两款典型的领夹式麦克风。

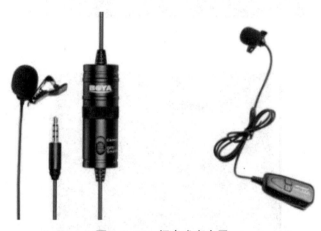

图 2-3-24　领夹式麦克风

（五）背景布

摄影背景布也叫背景布。背景布是室内摄影必备品，有单色的背景布，也有题材类的背景布。在背景布的选择上如果对室内摄影并不太熟悉，那就尽量选择灰色、黑色和白色这种简单的颜色做背景，这样更好把握。背景布大多时候是选择没有图案的单色背景布。如果是人像拍摄的话，根据自己想要的不同拍摄风格、效果、服饰等来选择不同的背景布。如果是拍摄物品的话，以淡色和纯色为主。比如被拍摄者肤色较深就可以选择色系较浅的背景布，如果被拍摄者肤色较浅可以选择色系较深的背景布。当然，拍摄者的人物造型风格和服装色系的不同也要选择不同的背景布来配合。经过渲染的背景布也会起到烘托作用，不过背景布有时候也会在拍摄时产生干扰。图 2-3-25 为两款背景布，该两款背景布常被称为"绿背""蓝背"，经常用于清除抠像时做背景布。体育微课中在资金允许的情况下，经常用到该背景布，以避免过于杂乱的场景带来的画面不佳。

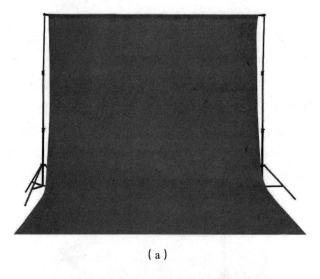

（a）

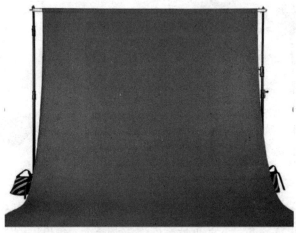

（b）

图 2-3-25　背景布

第四章　手机视频编辑软件简介

目前手机视频编辑软件有很多种，在体育微课开发过程中所使用的软件，既包含了基于 PC 客户端的软件，也包含了手机软件。手机软件是即时性快速编辑体育运动特征视频片段的，甚至体育微课的工具。因此，在研究中也针对手机编辑软件做了精细的研究，并以研究课题中开发的微课进行了尝试，这里分享两款手机编辑软件：喵影工厂、爱剪辑。

一、喵影工厂

（一）视频/图片导入（相册、拍摄）

在手机上安装好喵影工厂 APP 后，打开 APP 输入会员账号登录或以游客身份登录，接着就可以导入视频和图片进行编辑了。既可以选择导入本地的视频和图片，也可以即刻拍摄视频进行编辑。

1. 导入本地视频和图片

如图 2-4-1（a）所示，点击界面上的"+"按钮，可以看到如图 2-4-1（b）所示界面。在此可以看到所有的文件被分成了 4 类：视频、照片、片头和纯色。

　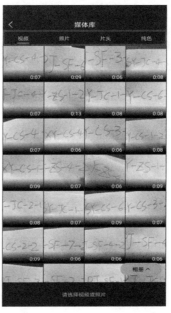

（a）　　　　　　　　　　（b）

图 2-4-1　进入媒体库界面

本地的视频和照片会默认全部展示，如果需要按文件夹方式查找，则如图 2-4-2 所示，点击悬浮的"照片"按钮查看。

 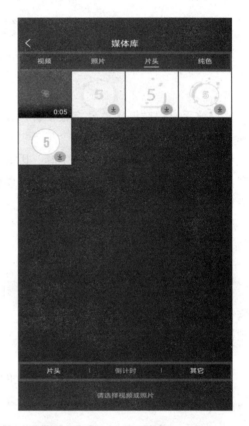

图 2-4-2　进入照片媒体库界面　　　　图 2-4-3　进入片头媒体库界面

除了视频和照片是本地文件外，片头和纯色均为喵影工厂 APP 内置，如图 2-4-3 所示，可以随意使用。同时，多种片头还包括倒计时与其他，均内置一个，可根据需求下载更多。

长按视频或图片的缩略图，即可预览视频或图片。如图 2-4-4 所示，选中所需的视频或图片素材后，可同时添加并创建新的工程文件。

另外，如果选择时添加了不需要的素材，如图 2-4-5 所示，可长按并拖拽到删除区域进行删除。

2. 拍摄视频

喵影工厂 APP 不仅能编辑存在手机里的视频，更能实现随拍随剪。打开界面，如图 2-4-6 所示，点击"拍摄视频"，即可拍摄视频，保存后直接进行编辑。

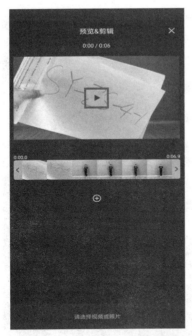

图 2-4-4　进入预览与剪辑界面

图 2-4-5　进入素材删除界面

图 2-4-6　进入拍摄视频界面

（二）片段基础编辑（添加、删除、移位）

导入视频后便可以开始编辑了，如图 2-4-7（a）所示，可添加、删除或移位片段。

如图 2-4-7（b）所示，点击任意视频片段，前后出现"+"按钮，点击添加新视频。

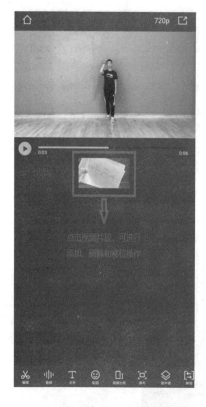
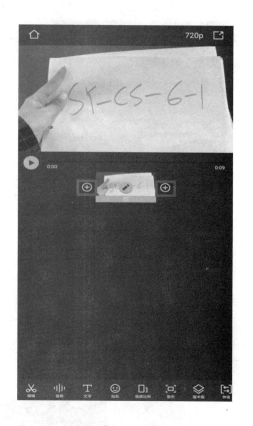

（a）进入视频编辑界面　　　　　　（b）进入视频添加界面

图 2-4-7

　　长按视频片段，手机屏幕下方出现"删除"和"复制"两个选项，将视频拖到相对应的框内，如图 2-4-8 所示，可实现"删除"和"复制"操作。

图 2-4-8　进入视频删除或复制界面

　　喵影工厂 APP 支持长按视频片段在多个片段中随意移动位置，如图 2-4-9（a）所示，将其中一个视频片段移动到前面，就得到新的视频顺序，如图 2-4-9（b）所示。

　　（三）视频编辑（剪辑、分割、截图、裁剪、旋转、复制、音量、删除）

　　点击任意视频片段，出现"编辑"图标，如图 2-4-10 所示，点击进入片段编辑的界面。

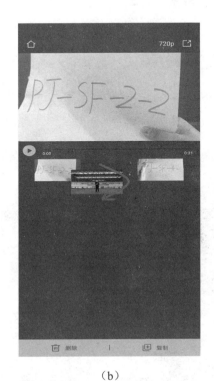

（a）　　　　　　　　　　　　　　　　（b）

图 2-4-9　进入视频移位界面

图 2-4-10　进入视频编辑界面

点击"剪辑"图标进入剪辑界面，如图 2-4-11 所示，可以通过调整视频的起始位置保留需要的片段。如果需要截取中间的多个片段，则先进入"分割"界面，将视频分割成多个片段。

点击"分割"进入分割界面，如图 2-4-12 所示，将分割游标放在想要分开的位置，点击"多段分割"后保存，便可将视频分割成多个片段。另外，如果想要修改，则在保存之前点击"重置"，便可恢复原来的视频片段。

图 2-4-11　进入视频剪辑界面　　　　图 2-4-12　进入视频分割界面

进入片段编辑界面后，播放视频至想截图的画面，如图 2-4-13 所示，点击"截图"，当前的画面将会被截图保存为新的片段。

点击"裁剪"，如图 2-4-14 所示，可对视频片段大小及位置进行实时调整；同时打开"运动"开关，可对片段进行平移缩放操作，并定义起始位置。

图 2-4-13 进入视频截图界面

图 2-4-14 进入视频裁剪界面

如图 2-4-15 所示，顺时针旋转当前片段。

如图 2-4-16 所示，复制当前片段。

图 2-4-15 进入视频顺时针旋转界面

图 2-4-16 进入视频复制界面

如图 2-4-17 所示，调节当前片段的音量。

如图 2-4-18 所示，删除当前片段。

图 2-4-17　进入视频音量调节界面

图 2-4-18　进入视频删除界面

（四）视频的高级编辑

所谓高级编辑是在画面中对画面的视觉效果做编辑、增加画面的特殊效果（如画中画）、增加画面播放的特殊效果等。画面调节、画中画、倒播、变速，如图 2-4-19（a）（b）（c）（d）所示。

1. 画面调节

点击主界面的"画面调节"按钮，如图 2-4-19（c）所示，可以对视频画面的亮度、对比度、饱和度、清晰度、色温以及暗角进行调节。当调节系数为 0% 时，则恢复到视频默认的原始值。最后，点击"√"保存修改。

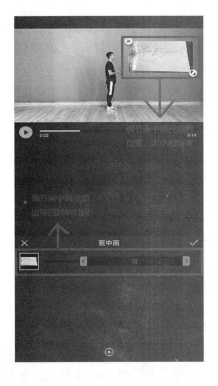

（a）

（b）

（c）

（d）

图 2-4-19　高级编辑界面

2．画中画

导入视频后，点击主界面下方的"画中画"按钮，开始选择想添加的视频或图片。选中之后，便可预览画中画效果，同时可以根据需要调节画中画视频的位置、大小和角度。此外，还可以通过拖动下方的滑动条调节画中画出现的起始时间。如图 2-4-19（a）所示。

3．倒播

导入视频之后，点击主界面下放的"倒播"按钮，便进入了倒播处理界面。稍等片刻，待倒播处理完成 100%后，点击"√"确认键，便能看到倒播成功的视频。如图 2-4-19（b）所示。

4．变速

如果需要对视频进行变速处理，则直接点击主界面下方的"变速"按钮。此时视频的默认速度为 1.0×，可以滑动调节速度从 0.2× 到 4.0×。同时，可以看到通过变速后，视频的时长也会相应变化。如图 2-4-19（d）所示。

（五）保存及分享

1．导出/保存

视频编辑好后，如图 2-4-20（a）所示，可以点击右上角的导出按钮进行保存。如果不想导出的话，如图 2-4-20（b）所示，可以点击左上角回到 APP 主界面，此时可以选择"保存为草稿"或"取消"。

（a）   （b）

图 2-4-20　进入视频导出/保存界面

2．分享

保存视频后，如图 2-4-21 所示，可以选择将编辑好的视频保存到本地相册或分享到微信、微博、QQ、美拍等社交平台。

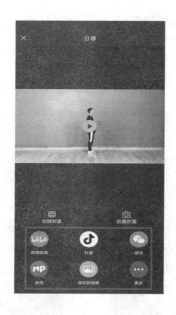

图 2-4-21　进入视频分享界面

（六）封面

利用喵影工厂 APP 为视频制作封面十分方便。如图 2-4-22 所示，可以选择直接拍摄封面或选中视频某一帧作为封面。

图 2-4-22　进入视频封面制作界面

如图 2-4-23（a）所示，可以对封面添加边框，如图 2-4-23（b）所示，可以对封面添加文字，如图 2-4-23（c）所示，可以对封面添加表情，如图 2-4-23（d）所示，可以对封面添加手绘。最后，点击右上角的"√"按钮进行保存。

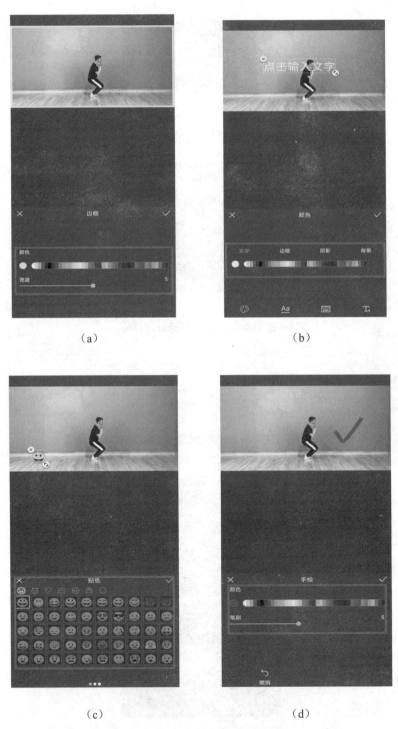

（a）   （b）

（c）   （d）

图 2-4-23　进入视频封面设计界面

二、爱剪辑

（一）视频剪辑

进入爱剪辑，如图 2-4-24 所示，在"工具"里面，点击"视频剪辑"。

选择一个素材，如图 2-4-25 所示，调整视频制作比例，点击"确定"。

图 2-4-24　进入视频剪辑界面

图 2-4-25　进入视频比例调整界面

在视频预览里面，剪裁需要的视频，如图 2-4-26 所示，点击右上角"生成"。

图 2-4-26　进入视频预览生成界面

（二）视频裁剪

"工具"里面，点击"视频裁剪"，如图 2-4-27（a）所示。通过推拉裁剪框将视频画面裁剪至合适的尺寸，如图 2-4-27（b）所示，选择"生成"。

（a）　　　　　　　　　　　　　　　（b）

图 2-4-27　进入视频区域裁剪生成界面

（三）分辨率调节

"工具"里面，点击"分辨率调节"，如图 2-4-28（a）所示。根据分辨率参数可以选择全高清 1080p（1920×1080）、高清 720p（1280×720）、高清 540p（960×540）、标清 480p（640×480）、极速 360p（480×360）和自定义分辨率，如图 2-4-28（b）所示，选择后点击确定。

（四）快慢放

"工具"里面，点击"快慢放"，如图 2-4-29（a）所示。通过滑动播放倍数，提高或降低视频的播放速度，调节后点击"开始制作视频"，如图 2-4-29（b）所示。

（五）滤镜

"工具"里面，点击"视频滤镜"，如图 2-4-30（a）所示。根据自己的喜好或微课要求选择视频的滤镜，如图 2-4-30（b）所示。

图 2-4-28 进入视频参数选择界面

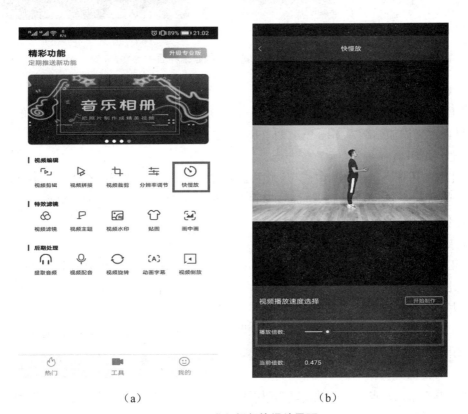

图 2-4-29 进入视频快慢放界面

（a）　　　　　　　　　　　　　（b）

图 2-4-30　进入视频滤镜界面

（六）贴纸

"工具"里面，点击"贴纸"，如图 2-4-31（a）所示。可以添加 APP 自带的贴纸，也可以自定义添加贴纸，如图 2-4-31（b）所示。

（七）画中画

"工具"里面，点击"画中画"，如图 2-4-32（a）所示。选择两个素材，根据模板可以将视频安排在上下、左右、全局等模式中，还可以对视频进行放大、缩小、预览、旋转等操作，如图 2-4-32（b）所示。

（八）动画字幕

"工具"里面，点击"动画字幕"，如图 2-4-33（a）所示。可以看到选择帧添加字幕，如图 2-4-33（b）所示。

（九）视频配音

"工具"里面，点击"视频配音"，如图 2-4-34（a）所示。可以看到选择帧进行配音，如图 2-4-34（b）所示。

（十）视频旋转

"工具"里面，点击"视频旋转"，如图 2-4-35（a）所示。可以看到根据视频画面进行调整，如图 2-4-35（b）所示。

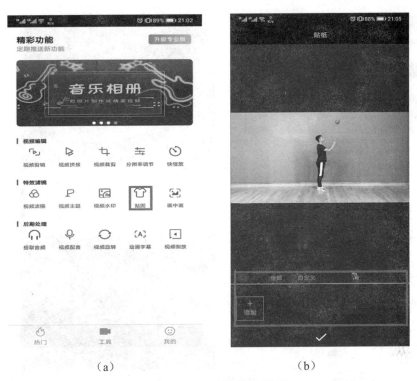

（a） （b）

图 2-4-31 进入视频贴纸界面

（a） （b）

图 2-4-32 进入视频画中画界面

（a） （b）

图 2-4-33 进入视频动画字幕界面

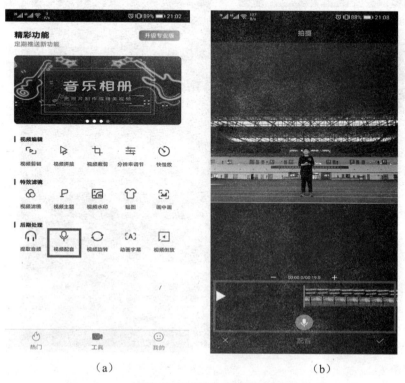

（a） （b）

图 2-4-34 进入视频配音界面

（a）　　　　　　　　　　　　（b）

图 2-4-35　进入视频旋转界面

（十一）视频导出

在"视频预览"中点击右上角的"生成"，如图 2-4-36（a）所示。首先需要生成文件，再出现进度条，最后显示保存在相册。如图 2-4-36（b）所示。

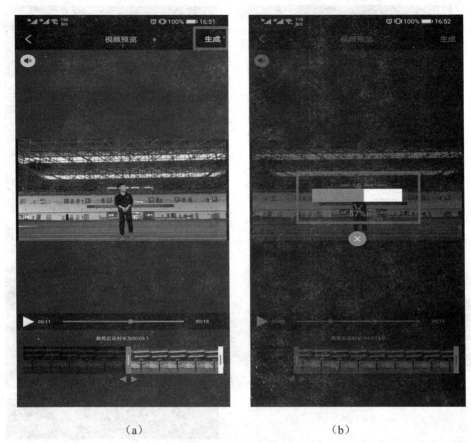

（a）　　　　　　　　　　　　（b）

图 2-4-36　进入视频导出界面

第三部分 体育微课开发案例

该部分的内容为 5 门体育微课的设计与制作案例，图 3-1 所示为 5 门体育微课的片头。体育微课的设计与制作过程均以标准化方式，按一定的设计步骤完成。开发流程如图 3-2 所示。在实际的微课开发中，首先强调的是规范开发，但不一定完全按照该流程的顺序，可以根据个人习惯调整顺序或合并步骤。同时，微课内容同样按照 5 个环节进行安排，即：导入课程（德育引导+项目文化引导）、新课内容（按照完整示范、分解动作示范、总结示范）、指导练习（指出易犯错误并予以纠正）、练习方法指导、课程总结。在下面的案例中，我们会将本研究所获得的经验归纳总结，并将有针对性地做出阐述与说明。

在本部分之后论述中，除特殊强调外，"体育微课"均简称"微课"。

图 3-1 本课题开发的部分体育微课的片头

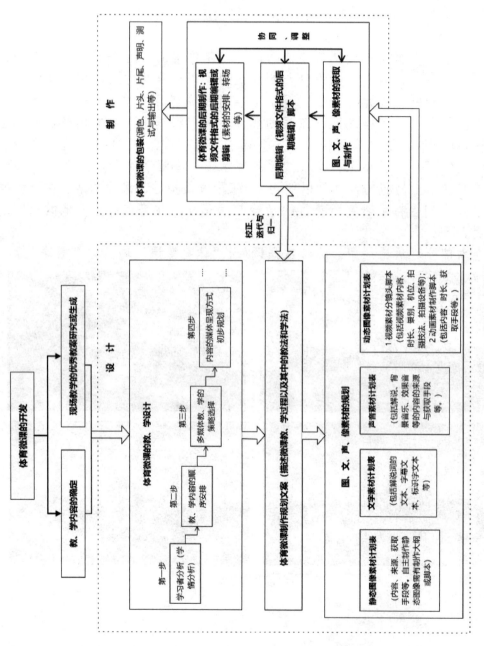

图 3-2　体育微课开发流程图

第一章　《体育与健康——跑》体育微课的开发

《体育与健康——跑》微课作为微课开发案例的第一篇，其内容为从小学基本运动能力承接到中学体育的基本体育运动能力知识。该微课是天津市第七届基础教育成果奖的成果之一。

一、设　计

（一）教学内容分析

《体育与健康——跑》微课内容包括 50 米快速跑和耐久跑。该内容源于人民教育出版社《体育与健康》（小学部分）。50 米快速跑分为起跑、加速跑、途中跑、终点冲刺跑几部分，须以最快速度跑完全程。该内容设置目的为发展位移速度，培养跑的正确姿势，发展学生快速反应，灵活敏捷与动作协调能力；耐久跑，主要目的是掌握适宜的呼吸方式，会分配体力，发展学生的奔跑耐力，培养跑的正确姿势，让学生体验到运动中疲劳的情况，并努力克服积极完成任务，从而培养学生克服困难的坚强意志品质。

1．50m 快速跑

（1）动作方法：站立式起跑，起跑后退加快速度，两臂使肘前后摆动，上体稍向前倾，眼系前方，前脚掌着地，后蹬腿用力蹬地，摆动腿积极向前上方摆，以最快速度跑完全程。

（2）教学重点：从起跑开始，跑出后迅速发挥最快的速度；跑时上体正直稍微倾斜，头要正，眼看前方，摆臂、后蹬有力，快速冲过终点线跑完全程。

（3）教学难点：跑的动作协调，跑得轻松自然，快速冲过终点线。

2．耐久跑

（1）动作方法：用站立式起跑，起跑后快跑 15—20 米后，以均匀步子跑进，跑进中上体稍向前倾，提臀，后蹬的力量和摆动前摆的幅度都比较小，可用前脚掌也可以用后脚掌着地（全脚掌着地比较省力，适于初学者）。在呼吸方式上，一般以口鼻式呼吸方式，呼吸节奏要与跑的节奏相配合，用均匀步伐跑完全程。

（2）教学重点：从起跑开始，跑出后 10—15 米加快速度后逐渐降为匀速，上体倾斜，调整呼吸方式，以均匀的速度跑完全程。

（3）难点：跑的动作要协调，匀速前进，冲向终点。

（二）学习者特征与学习需求分析

跑是人体基本的活动方式之一，也是人类生存基本技能。少年儿童在心理和生理上的发展处于萌芽期，同时对新鲜事物具有好奇心，对于专业的跑的了解还比较肤浅，对跑的运动能力却有着极大的需求。因此，跑是小学阶段甚至中学阶段不可忽略的且非常重要的体育运动教育内容。

（三）教学目标设计

1．认知目标

通过体育微课学习，掌握跑的动作要领及技术构成。

2．情感目标

激发学习者的学习兴趣，培养自主学习习惯。

3．动作技能目标

通过该微课学习有 80% 的学习者能够较好地完成跑的基本规范动作，学会用正确的姿势进行跑。

（四）教学策略设计

该微课设计采用奥苏贝尔的"先行组织者"和"渐进分化"的教学策略。渐进分化策略就是首先讲授的、最一般的知识，即包容性最广、抽象概括程度最高的知识，然后再根据包容性和抽象程度递减的次序逐渐将教学内容一步步分化，使之越来越具体、越来越深入。所以本微课先展示 50 米快速跑，再展示耐久跑，将教学步骤分为先观看整体动作，再对动作进行逐步分解、练习、纠错，使每项学习内容都变得更加精简明确。同时考虑到少年儿童集中注意力时间较短的特点，将每项教学内容的时长控制在 4 分钟之内，适合儿童的学习注意保持特征，并使学习者在短时间内不至于乏力，保障学习效果和保持其学习的积极性。

（五）教学媒体选择

本微课将采用图、文、声、像等多媒体素材，按照各自的优势，恰当运用于微课中。

（六）设计完成所生成的文档——以综合脚本为例

由于本微课的内容多以视频素材为主，因此，在规划设计时，将视频分镜脚本与后期编辑脚本综合为一个脚本。脚本设计项目包括组号、镜号、机位等列编排，便于前期拍摄和后期剪辑；旁白列的内容是后期制作中配音的文本素材；设计意图列中会体现出运用到的加涅"九五矩阵"的相关理论。该脚本综合了的视频的分镜脚本和后期编辑脚本的主要内容。综合脚本范例如表 3-1-1 所示。

表 3-1-1　50 米快速跑微课综合脚本

组号	镜号	机位	景别	内容说明	旁白	后期剪辑	设计意图
	PT			片头	小学《体育与健康》三至四年级 50 米快速跑	用 AE 模板进行剪辑，调整	引起学生们的注意
1	KS-SF-1-1	1	全景	站立式起跑	孩子们，这节课我们来学习 50 米快速跑！先看一遍整体动作哦	适当增加特效使画面转换协调	告诉学生们本节课的目标，使学生初步了解该项目
1	KS-SF-1-2	2	全景	站立式起跑			
2	KS-SF-2-1	1	中景	快速跑的过程中上体前倾			
2	KS-SF-2-2	2	全景	快速跑的过程中上体前倾			
3	KS-SF-3-1	1	全景	跑过终点			
3	KS-SF-3-2	2	全景	跑过终点			

续表

组号	镜号	机位	景别	内容说明	旁白	后期剪辑	设计意图
4	KS-SF-4-1	1	全景	起跑瞬间	注意，开始了哦	慢放调整画面	按示范动作的顺序一次呈现学习的内容
	KS-SF-4-2	2	全景				
5	KS-SF-5-1	1	中景	起跑后，两脚快速用力前后摆动跑出	起跑后，两脚快速用力前后摆动跑出		同上
	KS-SF-5-2	2	近景				
6	KS-SF-6-1	1	中景	上体稍向前倾	上体稍向前倾	静帧画面做标注，加线解释	利用慢动作加标注为学生提供指导
	KS-SF-6-2	2	全景				
7	KS-SF-7-1	1	特写	头要正，眼系前方	头要正，眼系前方		
	KS-SF-7-2	2	特写				
8	KS-SF-8-1	1	全景	前脚脚掌着地后，后脚用力蹬地	前脚掌着地后，用力蹬地	放慢	慢动作诱导学生注意观察
	KS-SF-8-2	2	特写				
9	KS-SF-9-1	1	中景	摆动腿积极向上方摆，小腿自然折叠	摆动腿积极向上方摆，小腿自然折叠	慢放动作	同上
	KS-SF-9-2	2	中景				
10	KS-SF-10-1	1	全景	两臂以肩为轴摆动	两臂以肩为轴摆动	静帧对以肩为轴做标注	利用慢动作加标注为学生提供指导
	KS-SF-10-2	2	中景				
11	KS-SF-11-1	1	全景	以最快的速度跑完全程	以最快的速度跑完全程		
	KS-SF-11-2	2	全景				
12	KS-LX-1-1	1	全景	高抬腿跑练习	高抬腿跑练习	画面虚化，加标题	通过练习增强学生的记忆促进知识迁移
	KS-LX-1-2	2	特写				
13	KS-LX-2-1	1	近景	原地摆臂练习	原地摆臂练习	同上	同上
	KS-LX-2-2	2	特写				
14	KS-LX-3-1	1	中景	沿直分线跑直线练习	沿直分线跑直线练习	同上	同上
	KS-LX-3-2	2	特写				
15	KS-LX-4-1	1	全景	踩横线体验脚掌着地（突出横线）	踩横线体验脚掌着地	同上	同上
	KS-LX-4-2	2	全景				
16	KS-JC-1-1	1	全景	不跑直线	错误动作：没有沿直线跑	静帧加箭头标注虚化背景总结	评价容易出错的动作，巩固正确的动作
	KS-JC-1-2	2	全景				

组号	镜号	机位	景别	内容说明	旁白	后期剪辑	设计意图
17	KS-JC-2-1	1	中景	两臂没有以肩为轴摆动	错误动作：摆臂姿势	静帧加箭头标注虚化背景总结	同上
	KS-JC-2-2	2	特写				
18	KS-FK-1-1	1	全景	起跑	本次50米快速跑教学就结束了，小朋友们学会了吗？课下要积极主动地练习哦		对教学提供反馈，有利于更好的优化微课
19	KS-FK-2-2	2	中景	跑的过程中			
20	KS-FK-3-1	1	全景	终点跑完			

注："KS-SF-4-1"

"KS"表示拍摄总名称，如"快速跑"

"SF"表示分镜头名称，如"示范动作"

"4"表示镜头组号，如"第4组镜为"

"1"表示机位号，如"第1个机位"

二、制　作

（一）素材的制作

1. 视频素材

视频素材的准备在整个微课制作过程中是重中之重。本研究尝试用两种设备进行素材采集，但最终选择的设备是两台 iPhone 7 手机。由于当时使用的索尼 DV 拍摄的部分素材，只能拍摄出每秒 30 帧的 1920×1080 格式的视频，不能满足后期对于镜头慢放的要求，但 iPhone 7 手机可以拍摄出每秒 120 帧的 1920×1080 格式的视频，在保证了高清输出的同时，也满足拍摄跑这种高速运动的需求，该设备使后期得以通过慢放来展示细节，在慢镜头下呈现出的动作更清晰明了，便于学习者掌握动作要点，因此 iPhone 7 成为拍摄的首选。

视频拍摄环境选择在室外田径场，光线充足，温度适宜的天气下进行。在拍摄之前要对拍摄场地的环境以及是否开放进行考察和了解，要求示范运动员穿什么颜色的衣服可以使画面更协调，并对拍摄过程中可能出现的情况进行预估，比如拍摄过程中镜头位置没调整好、某一次的示范动作不够准确、画面中有其他人进入等情况。这些因素都会造成部分镜头需要补拍。同时为了使后期制作更加清楚，在拍摄之前需要在纸上写好每一个镜号，在拍摄之初，将纸质版的镜号放在拍摄设备前，用摄像机对着镜号拍摄 5 秒左右，撤去镜号再进行重新对焦。拍摄手法的选取上采用了多景别的方式，根据不同的呈现形式，选择不同的景别进行拍摄，在捕捉动态画面时采用了推、拉、摇、移、跟的技术，更好地展现动作的要点。

2. 文本素材

文本素材所呈现的就是微课中的字幕部分，先用文本文档编辑好脚本中的旁白，然后在 Photoshop 软件中做好字幕样式模板，并逐步将文本文档导入，运用 Photoshop 中的相关函数，生成每句话对应的工程文件。这种操作降低了原本在 Premiere 中制作字幕的工作量，提高微课制作的效率。

3．音频素材

音频素材包括微课的配音和背景音乐。配音素材是在文本素材准备好的基础上，找声音音色较好的同学进行录制并制作完成。考虑到这个年龄段的学生特征，录制时要注意语气生动且充满吸引力，充分调动小学生的激情和兴趣。然后将生成的文件导入 Cool Edit Pro 软件进行降噪、去除杂音等处理。生成的音频文件导入 Premiere 中进行剪辑。轻快的节奏会更吸引 3—4 年级的学生，以凝聚学生的注意力和提高其学习效率。

4．素材整理

为了后期制作时思路更加清晰，按照微课的内容，针对脚本中预想的效果分别对图片素材、视频素材、音频素材等进行了整理和统计。这个过程看似非常容易，但是在实际操作中需要非常仔细。在整理视频素材时，脚本上的镜头号使得过程更加有序，减少工作量的同时能够准确无误。对微课的素材进行相应的统计，生成素材统计表，如表 3-1-2 所示。

表 3-1-2　素材统计表

名称	特效			视频素材		音频素材		文本素材
	片头	片尾	转场	视频大小	实用素材	配音	背景音乐	
50m 快跑	15s	25 s	7s×5	2.5G	3'15"	2'20"	3 种	34 条
耐久跑			7s×5	2.2G	3'42"	2'45"	3 种	40 条

（二）后期编辑

本微课后期制作中使用的软件有 Adobe Photoshop、Adobe Premiere、Adobe After effect、Cool Edit Pro 等。根据脚本的顺序及剪辑要求进行后期编辑时，画面处理主要分为以下 7 个方面。

1．片头剪辑

用 Adobe After Effect 软件制作片头。通过调整模板中素材的颜色、文字等制作出符合本微课的片头，在教学起初给学习者带来新鲜感，引起学习者的兴趣。如图 3-1-1 所示。

2．主体剪辑

用 Adobe Premiere 软件制作微课的主体教学部分。该软件可以直接将素材导入，减少视频在转格式的过程中出现失帧、画面抖动的现象。根据脚本设计的顺序（示范部分、练习部分、纠错部分、整体反馈），用选好的素材将课程串起来，然后删除多余的镜头，调整镜头中的人物比例，先粗剪出一个版本，然后进行特效、调色等细致处理。如图 3-1-2 所示。

图 3-1-1　片头截图

图 3-1-2　主体剪辑图

3．标注和提示

在示范动作时，会有一些需要特别注意的动作，在剪辑中会将镜头进不同程度的慢放，使得学生们注意到这个动作要点。例如在 50 米快速跑中，标准动作的要求是在运动过程中上体前倾。在后期处理时，需要将能体现出上体前倾的画面做静帧处理，将像素为 12 的标志放在画面的合适位置，并闪 3 下，可以清楚地展现了运动过程中上体前倾这一要点，如图 3-1-3、图 3-1-4 所示。

在学生练习动作后，教师须及时纠错，这时要静帧或慢放错误动作，用较醒目的文字和标识提示动作错误的原因。在纠错之后再次将视频背景做高斯模糊处理，突出提示词以便学生加深记忆。如图 3-1-5 所示，图中用红色标明动作的对错，同时在动作上用 12px 的黄色标注闪 3 次的形式提醒学生，使对错形成鲜明对比，加深学生的记忆。

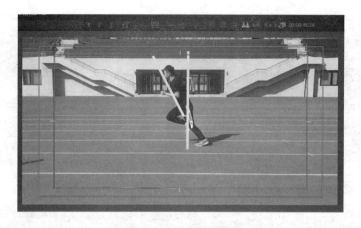

图 3-1-3　标注上体前倾

图 3-1-4　标注像素设置

图 3-1-5　纠错标识图

4．转场

在微课的每一个部分之前，找一个统一的背景图，在进行下一个动作前用文字提示，注意文字上下级别要有明显区别，标题用较大字号突出，同时对文字进行描边等处理。例如，整体反馈部分的转场如图 3-1-6 所示。

图 3-1-6　转场图

5．声音

本微课利用 Cool Edit Pro 2.1 对音频进行处理制作。分别对视频的解说进行编辑，剪辑背景音乐和消除配音的噪音，使声音更清晰、更丰富，学习者可以视觉听觉并用，提高学习效果。如图 3-1-7 所示。

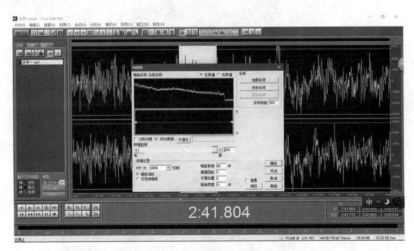

图 3-1-7　音频剪辑处理

6．字幕

在视频素材剪辑和配音制作完成后添加字幕，如图 3-1-8 所示。将教学的语言以幽默生动文字的形式展现，放在文本文档中，打开 Photoshop 建立图层，选择适当的位置添加选框并填充，降低选框的透明度后，对其两侧进行羽化，使其更加美观。新建图层输入文字，文字采用纯黑色，调整文字的大小位置并对其进行纯白色描边，使文字更加鲜明突出。利用 Photoshop 中的变量-定义数据组功能，将文本文档中的每一句话导出生成相应 PSD 格式的文件，在 Premiere 中依次导入制作好的字幕工程文件后，再将其拖到编辑轨道上进行编辑。这样既减少了逐句添加字幕的工作量，又方便了后期的剪辑，而且使画面内容丰富，更利于学习者在观看时集中注意力以便掌握动作的特点。

（a）

（b）

图 3-1-8　字幕制作与添加

7．测试与输出

在主体视频、配音及字幕素材都完备的情况下，将所有素材都导入 Premiere 中进行测试，检查是否视频中存在丢帧、画面不清、配音与动作画面同步等问题，确保内容的完整性，使微课更加顺畅完善。

制作完成进行输出时，考虑到视频兼容性的问题，将编码器选择为 H. 264 ，输出的画面更加清晰，然后选择输出文件夹，编辑视频输出名称，最后渲染输出文件。具体设置如图 3-1-9 所示。

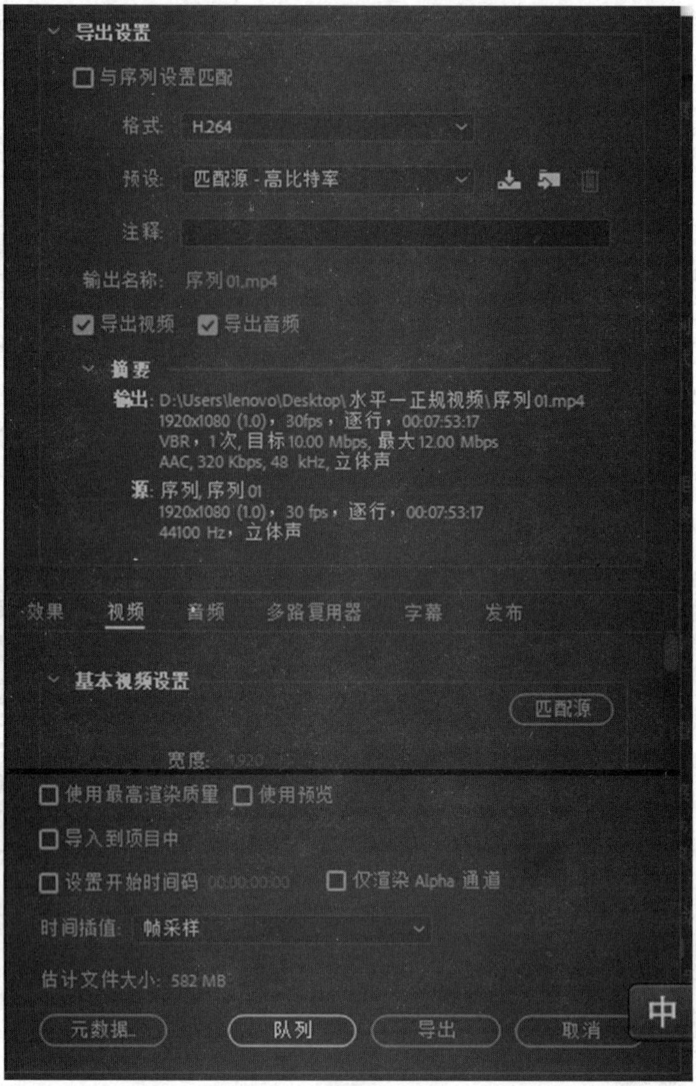
导出设置
与序列设置匹配
格式：H.264
预设：匹配源 - 高比特率
注释：
输出名称：序列 01.mp4
导出视频
导出音频
摘要
输出：D:\Users\lenovo\Desktop\水平一正规视频\序列 01.mp4
1920x1080 (1.0)，30fps，逐行，00:07:53:17
VBR，1次, 目标 10.00 Mbps, 最大 12.00 Mbps
AAC, 320 Kbps, 48 kHz, 立体声
源：序列, 序列 01
1920x1080 (1.0)，30 fps，逐行，00:07:53:17
44100 Hz，立体声
效果
视频
音频
多路复用器
字幕
发布
基本视频设置
匹配源
宽度：
使用最高渲染质量
使用预览
导入到项目中
设置开始时间码
仅渲染 Alpha 通道
时间插值：帧采样
估计文件大小：582 MB
元数据...
队列
导出
取消
中

图 3-1-9 导出文件设置

第二章 《体育与健康——横箱支撑跳跃》体育微课的开发

一、设　计

初中《体育与健康——横箱支撑跳跃》微课，内容源于人民教育出版社出版的《体育与健康》（7—9 年级）教材的横箱支撑跳跃项目。

横箱支撑跳跃内容属体操类项目，基础性较强，实用性较高。该案例以教案、文案等形式呈现设计文档范例。

（一）教案

教案和教材是微课设计的知识与表达方式确定的依据。优秀的教案能给予开发者以良好的启迪。《体育与健康——横箱支撑跳跃》优秀教案如表 3-2-1 所示。

表 3-2-1　优秀教案

课题	《体育与健康》（7—9 年级）体操—支撑跳跃		年级	七年级
技术动作 1	横箱分腿腾越			
教学目标	1. 知识与技能目标：能独立完成横箱分腿腾越动作，基本掌握快速、正确助跑踏跳，果断、有力推手、直膝分腿腾空和平稳落地的动作方法 2. 过程与方法目标：发展灵敏、速度、力量等体能，提高支撑腾越障碍和保护与帮助的能力 3. 情感态度与价值观：逐步形成顽强果断、勇于战胜困难的心理品质，具有安全和自我保护的意识以及合作互助的行为			
教学重难点	重点：踏跳、提臀分腿、推手的方法和衔接 难点：快速顶肩推手及展体			
教学准备	场所：可容纳班级学生练习横箱支撑跳跃的场地 器材：横箱 安全措施：1. 课前检查好场地与器材并确认无误 2. 带领学生做好充分的准备活动 3. 提前进行完整的安全思想教育			
教学过程	单跳双落	快速助跑上板，积极踏跳，单腿起跳		
	并腿跳起	双脚跳起		

		动作要点：起跳有力
教学过程	紧 腰 领 臂	领臂含胸，上体稍前倾
	提 臂 分 腿	稍屈髋，向前上方腾起。两臂主动前伸撑箱，两腿直膝向侧分开 动作要点：先跳后撑；直膝分腿
	顶 肩 推 手	紧接着用力直臂顶肩推手，制动腿，上体急振上抬 动作要点：快速推手
	展 髋 挺 身	展髋挺身
	缓 冲 落 地	屈膝缓冲落地
保护与帮助	采用正面两脚前后站立（后脚稍向同侧横小半步），并根据练习者完成动作的具体情况，上步或退步，扶住或托起练习者，防止身体前冲跌倒或帮助越过跳箱。可参照下图两种方法。 	
易犯错误与纠正方法	易犯错误 1：助跑至跳板时减速甚至停止，等于原地起跳，影响动作完成	
	纠正方法： 1. 助跑步点不准：可采用进一步测量步点的方法。 2. 胆怯心理。应采用鼓励等心理诱导及技术上由易到难的诱导性练习，尤其是加橡皮筋的山羊分腿腾越，效果会很好。 3. 上板弧度过高或起跳时屈膝过多：应多加强上步上板、起跳过度到助跑踏跳的练习。	
	易犯错误 2：分腿坐箱	
	纠正方法： 助跑速度过慢。适当加大助跑距离，加强助跑踏跳练习。	
技术动作2	横箱屈腿腾越	
教学重难点	重点：踏跳，屈腿收腹提臀，推手的方法衔接 难点：屈腿收腹提臀与果断顶肩推手	
教学过程	单 跳 双 落	助跑上板，积极踏跳
	并 腿 跳 起	双脚跳起 动作要点：起跳有力
	紧 腰 领 臂	领臂含胸，上体稍前倾
	屈腿 收腹 提臀	向前上方腾起。两臂主动前伸撑箱，屈腿收腹提臀，使膝靠近胸部 动作要点：提臀屈腿

教学过程	顶肩推手	紧接着用力直臂顶肩推手，腾越过箱 动作要点：快速推手
	展髋挺身	两腿迅速伸直，上体急振上抬，两臂侧上举，伸展身体 动作要点：伸腿展体
	缓冲落地	屈膝缓冲落地

保护与帮助	对屈腿收腹提臀有困难的同学，采用该方法进行帮助，也可以由两个人同时保护与帮助，一人站正面，另一人站箱前侧面。 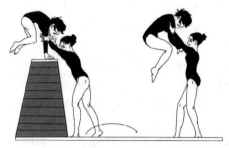

易犯错误与纠正方法	易犯错误 1：不推手，做成屈腿摆越动作
	纠正方法： 1. 体验快速推手动作。 2. 推手过晚难于推离箱面时，教师或同伴可采用击掌或呼"推"等听觉刺激，让练习者在两腿未过支撑点时及时推离箱面。或采用第一种帮助方法，帮助练习者两手推离跳箱。 3. 对因有心理障碍而不敢推手的学生，除开展心理诱导外，可先采用 2 人保护帮助，改进动作，增强信心。
	易犯错误 2：屈腿收腹提臀不够，脚碰箱
	纠正方法： 1. 采用原地或上步并腿跳起屈腿收腹提臀动作，可连续多次。提出大小腿折叠，大腿触胸的动作要求。 2. 做加高支撑点的屈腿腾越，并逐步降低支撑点。 3. 采用第 2 种帮助方法。
	易犯错误 3：腾越后，腿未下伸展体
	纠正方法： 1. 原地向上屈腿抬膝跳起后，两腿下伸展体落地的练习。 2. 跳上成蹲撑（立），向前跳下时伸腿展体。

（二）文案

文案是说明教学内容在微课当中应该怎样呈现的文字性规划。根据优秀教案中的内容整理汇总，结合教学重难点，为横箱支撑跳跃项目（横箱分腿腾越、横箱屈腿腾越）选择适合的素材呈现方式，将两项目技术动作的教学重、难点以备注方式标注展示，以便规划、制作素材时重点呈现，其中，横箱分腿腾越技术动作的教学重点为踏跳、提臀分腿、推手的方法和衔接，教学难点为快速顶肩推手及展体；横箱屈腿腾越技术动作的教学重点为踏跳、屈腿收腹提臀、推手的方法衔接，教学难点为屈腿收腹提臀与果断顶肩推手。根据整理而形成的文案，可作为微课内容的依据。如表 3-2-2 所示。

表 3-2-2 文案

项目	内容		效果规划	媒体手段	表达策略	备注
1	课程导入	跳马历史与发展	呈现历史节点事件	动画	讲述故事，诱发兴趣	
2	横箱分腿腾越	单跳双落	从踏板一侧展现动作要领，用静帧直接进行讲解即可，留意腿部动作细节	拍摄、pr 剪辑	指示性标注，引起注意	教学重点
		并腿跳起	从踏板一侧展现动作要领，用静帧直接进行讲解即可，留意腿部动作细节	拍摄、pr 剪辑	指示性标注，引起注意	教学重点
		紧腰领臂	从横箱正侧及前侧展现此要点动作，留意身体的运动趋势及腰部发力位置	拍摄、pr 剪辑	指示性标注，引起注意	
		提臀分腿	从横箱正侧及前侧展现此要点动作，留意臀部及腿部打开方向及高度	拍摄、pr 剪辑	指示性标注，引起注意	教学重点
		顶肩推手	从横箱正前、正侧及前侧展现此要点动作，留意推手动作细节及顶肩方向	拍摄、pr 剪辑	指示性标注，引起注意	教学重难点
		展髋挺身	从横箱正前、正侧及前侧展现此要点动作，留意展髋动作细节及身体运动趋势	拍摄、pr 剪辑	指示性标注，引起注意	教学难点
		缓冲落地	从横箱正前展现此要点动作，留意身体重心的变化	拍摄、pr 剪辑	指示性标注，引起注意	
3	横箱屈腿腾越	单跳双落	从踏板一侧展现动作要领，用静帧直接进行讲解即可，留意腿部动作细节	拍摄、pr 剪辑	指示性标注，引起注意	教学重点
		并腿跳起	从踏板一侧展现动作要领，用静帧直接进行讲解即可，留意腿部动作细节	拍摄、pr 剪辑	指示性标注，引起注意	教学重点
		紧腰领臂	从横箱正侧及前侧展现此要点动作，留意身体的运动趋势及腰部发力位置	拍摄、pr 剪辑	指示性标注，引起注意	
		屈腿收腹提臀	从横箱正侧及前侧展现此要点动作，留意臀部腿部动作及腹部收力位置	拍摄、pr 剪辑	指示性标注，引起注意	教学重难点
		顶肩推手	从横箱正前、正侧及前侧展现此要点动作，留意推手动作细节及顶肩方向	拍摄、pr 剪辑	指示性标注，引起注意	教学重难点
		展髋挺身	从横箱正前、正侧及前侧展现此要点动作，留意展髋动作细节及身体运动趋势	拍摄、pr 剪辑	指示性标注，引起注意	
		缓冲落地	从横箱正前展现此要点动作，留意身体重心的变化	拍摄、pr 剪辑	指示性标注，引起注意	
4	辨析	关键动作正确与错误动作	从横箱正面及侧面展现错误动作，并将关键易错动作处分屏对比呈现，帮助学习者辨析	视频素材慢放与静帧文字	同屏对比，标注对错，引起注意	

续表

项目	内容		效果规划	媒体手段	表达策略	备注
5	小结	两项目技术动作总结	从横箱侧面完整展现技术动作，将关键动作要领使用文字重点描述总结	视频素材+文字	视频与文字结合，加深记忆	

（三）解说词

进行素材整体类型规划前，确定解说词台本是必不可少的一步，解说词台本就是把微课开发设计中所有预定说的话写出来，此处作用主要有三：一是为各类素材的规划及脚本的撰写做铺垫，二是供配音演员录音使用，三是方便后期与画面配合制作。制作微课的解说词台本时应注意，应结合初中生的认知水平与理解能力撰写，语言严谨准确又不失生动活泼，同时紧贴画面，充分理解微课画面的局限，使用解说词适当引导和补充，同时激发初中生的学习兴趣，更好地辅助教学。如表 3-2-3 所示。

表 3-2-3 解说词台本

跳马是竞技体操项目之一。它起源于罗马帝国末期，当时是跳真的马，是骑士骑术训练的一种手段。后改为与真马外形相似的木马。1719 年将马腿改为立柱，1795 年德国的维斯首先去掉木马的马头，1811 年又去掉马尾，将两端改为圆形，马身用皮革包制。

德国体操学派将跳马发展为一种健身项目，并先后列为奥运会男、女比赛项目。

在国际体操赛的跳马单项赛中，我国运动员"跳马王"楼云，曾连续在 23、24 届奥运会上获得冠军；还有以我国运动员命名的跳马动作，如"王惠莹转体跳""程菲跳"等。

作为中学生，我们不能仅仅满足于跳山羊的技术动作，更应该敢于挑战。横箱跳项目不但可以发展初中生灵敏、速度、力量等体能，提高支撑腾越障碍和保护与帮助的能力，还可以帮助同学们培养形成顽强果断、勇于战胜困难的心理品质。

希望通过本节课的学习，大家能够独立完成横箱分腿腾越动作，基本掌握快速、正确助跑踏跳，果断、有力推手、直膝分腿腾空和平稳落地的动作方法。

让我们先完整地观看"横箱分腿腾越"的动作示范吧~

横箱分腿腾越技术动作可以分解为以下 8 个要点：

单腿双落，并腿跳起，紧腰领臂，提臀分腿，顶肩推手，展髋挺身，屈膝落地，直立。

首先，快速助跑上板，积极踏跳，单腿起跳，在踏板上双脚落下并跳起，此处动作关键要做到起跳有力。

收紧腰部，领臂含胸，上体稍前倾，稍屈髋，向前上方腾起，两臂主动前伸撑箱。此处应注意动作顺序为先跳后撑。

主动提臀。

两腿直膝向侧分开，用力直臂，顶肩快速推手，制动腿，上体急振上抬，展髋挺身。

屈膝缓冲落地。

学会了完整的横箱分腿腾越技术动作，下面让我们来观看两个易错动作的示范：

1. 助跑至跳板时减速甚至停止，等于原地起跳，影响动作完成。

> 2. 分腿坐箱。
>
> 横箱屈腿腾越技术动作与横箱分腿腾越技术动作相似，主要区别在于屈腿收腹提臀。
>
> 横箱屈腿腾越易错动作示范：
>
> 1. 不推手，做成屈腿摆越动作。
>
> 2. 屈腿收腹提臀不够，脚碰箱。
>
> 3. 腾越后，腿未下伸展体。

（四）素材表

素材表是根据教案、文案、解说词二次融合斟酌后，对微课中所需要的素材进行规划后的总结，包括图、文、声、像、交所涉及的素材。该微课的素材表如表 3-2-4 所示。

表 3-2-4　素材表

素材类型	详细内容	素材来源	制作设备及软件
视频素材	片头	网络下载与加工制作	Adobe Premiere Pro Adobe After Effects
	横箱跳技术动作	独立拍摄	松下 AG-DVX200MC 数码摄像机、苹果手机
	易犯错误	独立拍摄	松下 AG-DVX200MC 数码摄像机、苹果手机
	纠正方法	独立拍摄	松下 AG-DVX200MC 数码摄像机、苹果手机
	片尾	网络下载与加工制作	Adobe Premiere Pro Adobe After Effects
动画素材	跳马项目的引入	独立制作	Adobe Animate Adobe Illustrator 喵影工厂
	横箱跳项目的引入	独立制作	Adobe Animate Adobe Illustrator 喵影工厂
图片素材	各脚本中"参考图示意"	拍摄截屏与加工制作	苹果手机 Adobe Photoshop
	动画素材及场景设计	独立设计与加工制作	Adobe Illustrator Adobe Photoshop
	静帧	拍摄截屏	Adobe Premiere Pro Adobe Photoshop
	指示性标注	独立制作与网络下载	Adobe Photoshop Adobe After Effects Adobe Premiere Pro
音频素材	讲解配音	录制制作	录音设备 Adobe Audition
	背景音乐	网络下载	Adobe Premiere Pro
	特殊音效	网络下载	Adobe Premiere Pro

素材类型	详细内容	素材来源	制作设备及软件
文本素材	优秀教案	一线教师	Word
	文案	独立整理	Word
	素材表	独立制作	Word
	视频类脚本	独立制作	Word、Adobe Photoshop
	动画类脚本	独立制作	Word、Adobe Illustrator
	解说词台本	独立制作	Word
	后期脚本	独立制作	Word

（五）脚本

根据脚本的内容分为项目规划脚本、视频素材分镜脚本、后期编辑脚本、动画脚本，等等。这里以视频素材分镜脚本为例，了解脚本的内容和功能（如表3-2-5所示）。

表 3-2-5 视频素材分镜脚本

组号	镜号	拍摄内容	拍摄设备	机位	角度	景别	帧频	摄法	画面内容描述	备注
1	1-1	横箱分腿腾越完整动作	松下 4K	正侧	平视	小全	常速(60fps)	定位 横摇	横箱分腿腾越完整动作示范，演员与横箱、踏板关系	横摇镜头保证稳、匀
2	2-1 2-2 2-3	横箱分腿腾越完整动作	苹果手机	正侧 正前 前侧	平视 微仰	小全	慢速(240fps)	定位 定焦 定景别	横箱分腿腾越完整动作示范，演员与横箱、踏板关系	暂无
3	3-1 3-2 3-3	单腿双落并腿跳起动作特写	苹果手机	踏板 正侧	平视 微仰	近景	慢速(240fps)	定位 定焦 定景别	板下单腿起跳，板上双腿跳起；重点突出起跳着力的单双脚及脚与踏板位置关系	暂无
4	4-1	顶肩推手展髋挺身动作特写	苹果手机	横箱 前侧	微仰	近景	慢速(240fps)	定位 定焦 定景别	顶肩推手、展髋挺身动作要领；重点展现身体姿态	暂无
5	5-1 5-2	顶肩推手展髋挺身动作特写	苹果手机	横箱 正侧	平视	近景	慢速(240fps)	定位 定焦 定景别	顶肩推手、展髋挺身动作要领；重点突出整体身体姿态及与横箱位置关系	暂无
6	6-1	错误动作1示范：助跑至跳板时减速停止，原地起跳	松下 4K	正侧	平视	小全	常速(60fps)	定位 横摇	助跑至跳板时减速停止，原地起跳、影响助跑动作与踏板的关系，表现对后续错误动作的影响	横摇镜头保证稳、匀
7	7-1	错误动作2示范：分腿坐箱	松下 4K	正侧	平视	小全	常速(60fps)	定位 定焦 定景别	助跑速度过慢导致分腿坐箱，重点表现助跑对后续横箱上动作的影响	暂无

二、制　作

（一）素材的制作

根据表 3-2-4 素材表，本案例按照图、文、声、像 4 类素材，各选一个案例说明素材的制作。

1. "图"类素材的制作

无论是在微课的前期设计过程中，还是在微课的制作过程中，"图"类素材都是不可或缺的组成部分，统一制作图片素材，可以为后期的剪辑工作打下坚实的基础。确定好"图"类素材的呈现内容、制作方式后，接下来开始实际制作过程。

以动画中所使用的"图"类素材为例，设计完成动画脚本后，根据脚本设想先在 Adobe Illustrator 中进行整体的场景及角色设计。将文字、图形等信息"动画化"，从而达到更好传递信息的效果。首先第一幕是罗马帝国的场景设计，查阅各项资料，广泛获取素材，最终使用罗马帝国的著名建筑代表这一时期，并在画面中标注"Roman Empire"，帮助学习者快速获取画面信息，将画面原始无关素材删除。确定好第一幕的画面场景后，整体的画面风格也即确定，接下来在此基础上继续进行主要角色的设计，本次研究中涉及制作的 MG 动画里的角色只是为表现知识内容信息而服务的。涉及的主要角色素材主要有马匹、骑士及跳马运动员，马匹素材包括多种形态，有写实马匹、卡通马匹、几何木马等；骑士素材包括单骑士、站立双骑士、训练双骑士等。在展现跳马器械的变迁时，先确定变迁主要经历了"真马—木马—马腿变为立柱—去掉马头—去掉马尾—两端变圆—皮革包制"的过程，再为每一时期的变迁过程寻找制作素材，使用多软件配合制作，部分素材使用 Adobe PhotoShop 修改制作。以素材"卡通马匹"为例，为使上下画面角色风格保持一致，先修改了卡通素材马匹本身的颜色，并对图层样式进行了调整，将"颜色叠加"一栏的混合模式调整为"颜色加深"，并调整图层间的相对位置，上述修改完成后将 PSD 源文件保存，直接导入至 Adobe Illustrator 所设计的当前场景中，作为情景中的一个元素，以同样的方式将各场景内其他元素设计完整。在 Adobe Illustrator 中完成设计后，将各场景中所使用的素材分批次导出，文件夹分类留存，以便视频剪辑中使用。

"卡通马匹"素材在 Adobe PhotoShop 中的制作截屏如图 3-2-1 所示，"罗马背景"素材在 Adobe Illustrator 中的制作截屏如图 3-2-2 所示。

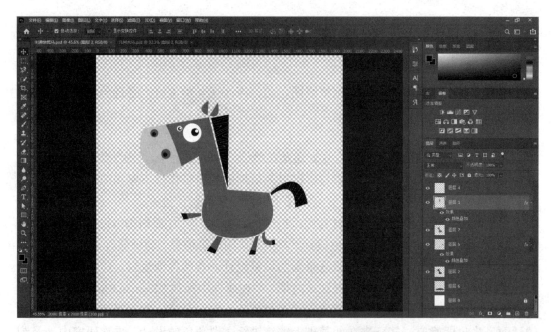

图 3-2-1 "卡通马匹"素材制作截屏

图 3-2-2 "罗马背景"素材制作截屏

动画及视频中的部分"图"类素材如图 3-2-3 所示。

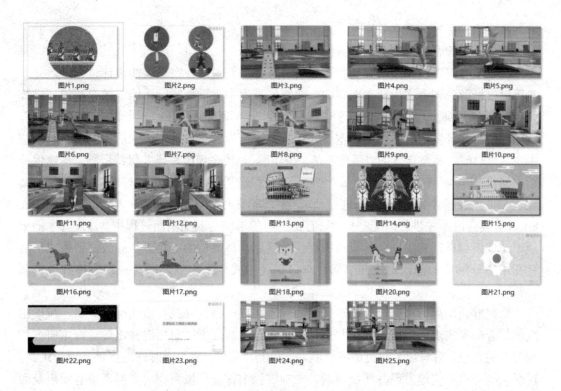

图 3-2-3 文件中的部分"图"类素材

2. "文"类素材的制作

"文"类素材主要集中在微课的设计流程中,具体包括课程教案、微课文案、微课素材表、解说词台本、项目整体规划脚本、拍摄类素材分镜头脚本、动画类素材规划脚本、后期剪辑脚本、字幕文件等。"文"类素材的制作与使用穿插于整体微课开发全流程,并且有一定的制作顺序,应按照研究本身技术路线的流程制作。各项"文"类素材都有其特定的格式,这是在使用过程中逐步养成的习惯,但根据个人习惯或外界要求的不同,"文"类素材的格式又不尽相同。开发者应在大的规范套路下,根据实际项目情况,找定适合微课开发的格式需求。

以拍摄类素材分镜头脚本为例,由于本研究涉及多设备类型、多帧频拍摄的需求,除常规的组号、镜号、机位、角度、景别、摄法以及画面内容外,在拍摄类素材分镜头脚本中添加了拍摄设备、帧频两列以作区分,便于项目现场的拍摄及打板工作顺利进行。

以后期剪辑脚本为例,除画面内容、解说内容、转场设计、剪接意图外,还进行了更详尽的安排设计,根据个人习惯添加了画面文字、设计灵感来源、配音类型、多制作方案等,力求更清晰、具象地呈现预想设计的后期剪辑画面。

各脚本具体的设计流程及制作思路之前"设计"中已有所陈述,在此不再赘述。

3. "声"类素材的制作

本研究中所使用的"声"类素材可细化为讲解配音、背景音乐、特殊音效 3 类。不论是什么类型的音频素材,都要保证与微课画面相辅相成,可以达到更好的视频呈现效果，从而达到更好的教学效果。

（1）讲解配音

讲解配音可以对画面内容进行有效的解释与补充说明，在微课的设计过程中，开发者可以根据解说词台本设计微课画面，在制作过程中再根据实际画面需求对解说词进行调整。除了解说词本身的设计外，开发者还需对配音演员的声音有一个较清晰的"画像"，比如在本微课开发研究中，由于本身体操示范演员为男生，且本微课适用的学习者是初中生，故对配音演员声音的"画像"是"少年感"，状态积极昂扬并保持沉稳，语速保持适中偏快，具体声音画像参考效果"秒懂百科"配音男声及"keep"软件中指导训练男声。

在正式录制讲解配音前，先进行预录音，并将预录制的音频文件导入 Adobe Premiere Pro 中，配合画面先进行匹配制作。只有在实际的录制与匹配画面过程中，开发者才能更清晰地认识到前期解说词台本设计中存在的问题，将拗口的语句进行修改，替换成更适宜初中生理解认知的语句，在书面化与口语化中找到平衡点，同时控制整体解说音频时长。

敲定解说词后，根据设计的声音"画像"在校广播台寻找合适的配音演员，挑选出大体符合配音需求的广播台成员并进行试录音，多次回听比对后选择出最适合本研究微课配音的音色，后与配音演员进行交流，告知配音需求，并约定时间地点进行现场录制，现场录制可以更快地发现并解决问题，录制过程中保证环境声相对安静，没有噪声及回音干扰，减小后期处理音频的压力。

在对讲解配音的处理上，使用 Adobe Audition 软件对录制的音频进行修复，针对音频主要进行了降噪处理和消除嘶声，调节音量并进行部分效果的添加，最终导出配音文件，导入 Adobe Premiere Pro 中进行整体合成。

（2）背景音乐

背景音乐在微课中的作用是可以在视觉效果的基础上，搭配解说配音，充分调动学习者的听觉系统，通过视听结合调动学习者的乐趣与积极性。制作过程中，为不同类型的素材选取了不同的背景音乐，例如为动画类素材挑选了滑稽搞笑的背景音乐，为拍摄类视频素材挑选了多个动感富有活力的背景音乐，通过背景音乐节奏与体操项目的巧妙结合，使微课更富感染力；此外，利用关键帧控制背景音乐音量搭配解说，有解说词的部分拉低背景音乐音量，无解说词的部分稍稍拉高，就整体而言，背景音乐的存在不可喧宾夺主，不能盖住本身解说词的音量或使解说词模糊不清。

（3）特殊音效

除了背景音乐，音效的设计与使用也是相对较为重要的一环，微课中音效的使用较少，主要是搭配动画、转场及特效而存在，恰当的音效可以在作品中起到吸引学习者注意力的效果，但不能进入一味追求音效的误区，为了使用音效而使用音效。本研究中使用到的音效包括马嘶吼声、水泡泡声、刀剑打斗声、转场唰声等等，其中"唰"声音效主要为配合转场而存在，使过渡更为自然顺畅；"马嘶吼"音效主要为配合"当时是跳真的马"这一解说，表现马匹的惊慌，水泡泡声主要为契合跳马器械演变变身细节，"刀剑打斗声"音效是为配合骑士骑术训练画面，增强画面整体趣味性。

本微课开发中使用的部分"声"类素材如图 3-2-4 所示。

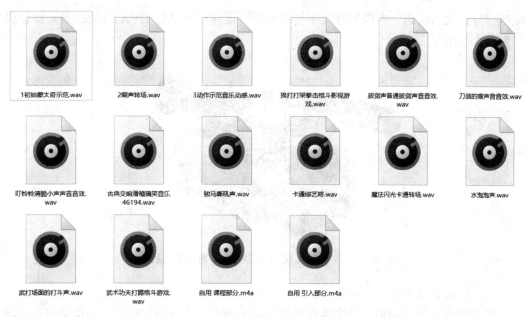

图 3-2-4 部分"声"类素材

4. "像"类素材的制作

通过拍摄方式获取"像"类素材，是微课开发中极其重要的一个环节。完成规划脚本及分镜头脚本的设计后，接下来需要进行拍摄前的准备，完备的前期准备可以有效提高工作效率，尽量减少拍摄现场不可控因素对拍摄效果的影响，在发生突发情况时更迅速、冷静地处理和应对；前期准备工作完成后，方可进入素材的正式拍摄阶段。

本微课"像"类素材中拍摄类素材具体制作流程如下：

（1）选取演员和拍摄场地

体操作为学校体育中的基础体育运动项目，是初中体育教学中的重要组成部分。为保证微课开发的科学性、专业性及严谨性，本研究选择专业体操运动员作为体育微课的示范演员，且演员外在形象气质符合初中生定位，使学习者观看微课时能够产生较强的代入感，增强学习者的学习信心及学习欲望；拍摄场地上，天津体育学院优越的场馆资源为视频素材的拍摄提供了场地的可能性，本研究选择天津体育学院体操馆作为体操微课的拍摄地点。

（2）拍摄设备准备

拍摄设备上，天津体育学院教育技术学教研室新购进的 5 台松下 AG-DVX200MC 数码摄像机为视频素材的拍摄提供了设备的可能性。松下 AG-DVX200MC 数码摄像机最高可满足 4K 影像的拍摄需要，本研究中使用到的设备主要包括 3 台松下 AG-DVX200MC 数码摄像机、3 个摄像机脚架、3 张 SD 存储卡、6 块电池（3 块备用）、3 部苹果手机，其中松下 AG-DVX200MC 数码摄像机主要拍摄分辨率为超高清 1920×1080、帧频为 25 帧的视频素材；苹果手机型号为 iPhone XS MAX，主要拍摄分辨率为高清、帧频为 120 帧的视频素材。

在拍摄前一天，提前预约登记借用拍摄设备，并将电池充满电，使拍摄过程中设备能够保持最优的状态。本微课开发中使用的拍摄设备松下 AG-DVX200MC 数码摄像机如图 3-2-5 所示。

图 3-2-5 松下 AG-DVX200MC 数码摄像机

（3）踩点和预拍摄

进行踩点及预拍摄的益处大体包括以下几个方面：一方面可以对拍摄情景进行预演设计，与专业体操教师交流技术动作要领，及时解决对技术动作的问题疑虑，对技术动作的呈现有更巧妙、深入的理解，使摄像师及演员提前熟悉拍摄流程并确定最佳拍摄机位；另一方面可以在多次踩点后预测光线条件变化，确定最佳拍摄时间，尽可能保证镜头的可控性；再者，还可以对拍摄现场可能出现的各种问题进行预测，提前准备解决方案，例如场馆的借用问题。

在拍摄时间的选择上，应协调场地与人员时间安排，结合场馆可使用时间，提前查看天气预报，选择最优的拍摄时间，本微课最佳取材天气为阴天，无直射光产生明显光斑。

（4）根据分镜头脚本准备场记工作

在微课开发过程中，场记工作直接影响着后期剪辑的工作效率，本研究中的场记工作贯穿拍摄前准备与拍摄过程。在正式拍摄前，设计制作了场记纸，方便拍摄时使用打板，每张场记纸内容主要包括组号、镜号、拍摄内容、所在机位、帧频选择等；在正式拍摄中，场记工作主要包括对拍摄现场状况及进度进行详细记录，标注已完成拍摄的镜头，并且记录微课"导演"满意的素材条数，为后期剪辑提供数据和材料。本微课开发中设计制作的场记纸样式如图 3-2-6 所示。

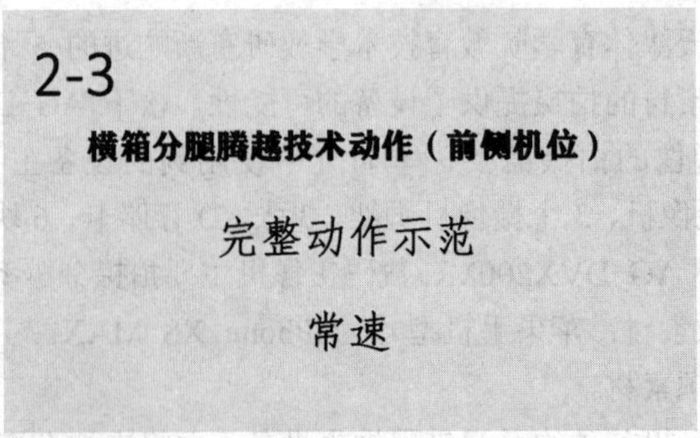

2-3

横箱分腿腾越技术动作（前侧机位）

完整动作示范

常速

图 3-2-6 微课开发中使用的场记纸样式

（5）拍摄前会议

拍摄前准备工作基本完成后，召开拍摄前会议是一项必不可少的工作流程，会议主要任务是微课"导演"向"剧组"工作人员进行工作安排，再由工作人员提出问题，及时探讨解决问题。主要工作安排如下：与演员确认示范的技术动作、易犯错误、纠正方法等内容，确认服装、道具、头发造型，服装上穿着紧身体操训练服；发型上由于演员头发较长，拍摄时需将额前头发固定；与摄像师们交流，确认每人负责的机位，并对镜头所需拍摄的内容、景别、高度、帧频等进行说明。

（6）正式拍摄

正式拍摄当天，为提高工作效率、不耽误正式拍摄时间，"剧组"工作人员需至少提前 1 小时到达拍摄场地，按照拍摄前设计对场地进行搭建与调整，统一拍摄设备参数。

首先，确定横箱跳箱及踏板摆放位置，确保画面中没有穿帮的人或物，尽量做到画面简洁明亮，减少画面其他干扰因素对学习者注意力的影响，并且拍摄过程中尽量保证不受其他无关人员的干扰。

其次，调整 3 台摄像机及苹果手机录制格式统一：摄像机录制格式选择FHD1920*1080 25p 50M，苹果手机录制格式选择高清 120fps。格式确定后，调整各摄像机拍摄画面参数：调节白平衡、控制曝光正常、设置聚焦方式为自动对焦、确认画幅景别。

演员及工作人员就位后，按"导演"口令开始拍摄。第一声"开机"口令给摄像师，摄像师听到口令后按下摄录键并进行打板，第二声"三二一开始"口令给演员，第三声"三二一结束"口令在技术动作表演完后给摄像师及演员，根据分镜头脚本中设计的场次及镜头，按顺序进行拍摄，保证每条素材的起幅落幅，在每条视频完成后，"导演"都要与摄像师们确认是否录制正常。

拍摄现场可能会出现临时的突发情况，突发情况到来时，以积极的状态面对解决。在拍摄过程中应与演员摄像保持即时沟通，时刻注意演员状态，合理安排日程时间。

（7）拍摄后工作

当天拍摄任务完成后，将借用的器材归还，并复原使用的体操场馆。最后进行素材的导出与备份留存。每次拍摄完成后即对素材进行分类整理，判断素材是否可用，将不可用的素材进行记录整合，再进行下一次的补充拍摄，直至素材完整。

除拍摄的"像"类素材外，"像"类素材还包括片头、片尾及动画素材。这里就不一一举例了。

本微课"像"类素材中动画类素材具体制作流程如下：首先进行动画素材脚本的设计，根据脚本设想在 Adobe Illustrator 中进行整体的场景及角色设计，其中部分素材使用 Adobe Photoshop 修改制作，在 Adobe Illustrator 中完成整体设计后，将各场景中使用的素材分批次导出，在喵影工厂中剪辑包装、添加部分特效，使用 After Effects 进一步完善特效，最后在 Premiere 中完成最终的合成。

（二）后期编辑

至此，本研究中微课开发所使用的基本素材均已制作完成，接下来要进入到微课的后期剪辑环节。

微课的结构是微课整体的剪辑方向，就微课本身的结构而言，剪辑思路按照规划脚本中的设计思想进行即可，整体采用"总—分—总"的结构模式，以体现教学中逐级分化、逐级归纳以及小步子的教学方法。主要设计结构如下：

1. 项目引入

利用史料素材、结合有趣的动画，表现跳马与横箱跳项目的起源与特征，引起初中生学习兴趣，使学生了解历史和项目特征的同时，了解学习的目标和技术本身的要点。

2. 总

呈现常速完整动作示范、120fps 慢速完整动作示范。通过常速呈现横箱分腿腾越完整动作，使学生对将要学习的横箱跳动作有初步的概念及完整动作的印象；再次通过慢速呈现横箱分腿腾越完整动作，更详细完整地呈现横箱分腿腾越技术动作，重复并加深学生对完整动作的印象。

3. 分

慢速分解动作呈现，分解动作详细讲解，错误动作示范及纠正方法的讲解。使用静帧文字说明的方式先给学习者技术动作要领的初步印象，在慢动作的基础上添加指示性标注并配合文字介绍分解动作，为接下来的详细讲解做铺垫；对概要性总述的内容进行划分，帮助学习者认知过程中记忆动作的环节。讲解过程中使用的技术特效包括分屏展示、动作重复播放、慢放、倒放、静帧+指示性标注辅助等。分解动作静帧文字说明画面效果如图 3-2-7 所示，分屏讲解画面效果如图 3-2-8 所示，使用指示性标注讲解画面效果如图 3-2-9 所示。

图 3-2-7　分解动作静帧文字说明画面效果

图 3-2-8 分屏讲解画面效果

图 3-2-9 指示性标注讲解画面效果

4. 总：小结。

完整播放常速动作（单腿起跳—直立落地），用文字列举的方式总结展示动作要领，帮助学习者加深理解记忆。小结部分画面效果如图 3-2-10 所示。

微课剪辑的工作任务就是在微课本身结构及素材的基础上，尽可能达到预想中的视频效果。本微课剪辑流程主要按照粗剪—精剪—包装的步骤进行，详细流程如下：

第一步：粗剪。本微课的粗剪过程是按照规划脚本中的设计，将制作好的各类素材拼接在一起，包括片头、动画素材、拍摄素材及片尾搭建出整体微课的框架，为精剪过程打下基础。主要使用软件为 Adobe Premiere Pro。

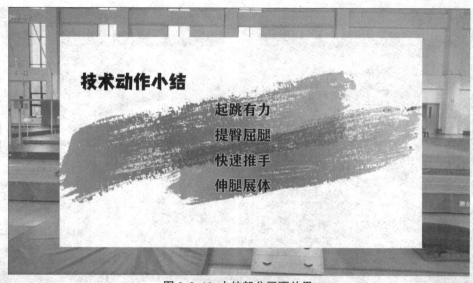

图 3-2-10 小结部分画面效果

第二步：精剪。完成粗剪后再回过头来细致地处理剪辑的节奏，比如对高帧频的视频进行变速处理，使时长与技术动作特点更匹配；在 Adobe Premiere Pro 中添加部分图片素材，添加配音及背景音乐与画面素材匹配。

第三步：包装。本研究中的包装，即对微课做更精细的加工修饰，片头片尾及动画素材部分在素材制作部分已设计完成，剩余的包装工作主要集中在技术动作讲解部分，具体包装设计有：使用 After Effects 添加特效合成，例如技术动作的跟踪、标题条的制作；使用 Premiere 及喵影工厂添加视频效果，例如画中画、分屏、变形稳定器等效果，添加字幕、转场；使用 Photoshop 制作部分指示性标注；找寻素材补充添加音效。上述剪辑工作完成后在 Premiere 中导出微课。本微课开发部分工程文件截屏如图 3-2-11 所示。

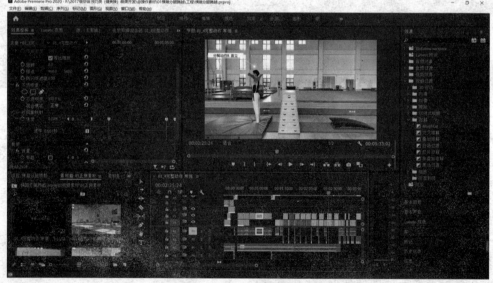

图 3-2-11 Premiere 工程文件截屏

第三章 《体育与健康——跨栏跑》体育微课的开发

一、设 计

（一）参考教案

跨栏跑内容参考教案如表 3-3-1 所示。

表 3-3-1 参考教案

教学目标：
1. 通过跨栏跑的教学使学生了解跨栏跑的运动特点，形成一个比较完整正确的技术概念，使学生对跨栏跑对人体的锻炼价值有比较清楚的认识。 2. 通过跨栏跑的教学使学生学习和基本掌握跨栏跑的技术，初步掌握完整技术动作，使学生体验和初步掌握"全程跨栏跑"的技术动作。 3. 通过跨栏跑的教学和各种练习，发展速度、力量、柔韧和灵敏等身体素质，提高运动能力，并培养学生勇敢顽强、吃苦耐劳和勇于拼搏的精神。
教学重、难点： 重点：跨栏步技术。 难点：过栏时的鞭打、提拉过栏动作和身体的协调配合。
教学方法： 1. 从起跑到第一个栏：跨栏跑采用蹲踞式起跑。起跑的过程与短跑基本相同，起跑至第一个起跨点一般采用 8 步起跑，起跑时应把起跨脚放在前面（身高较高的运动员采用 7 步起跑，起跑时将起跨脚放在后面）。从起跑线到第一个栏的距离是固定的，同时要求从起跑到过第一个栏加速跑的步数也要固定。做"预备"动作时，臀部抬起要明显高于肩。听到"跑"的信号后，后蹬要有力且角度稍大，重心稍高，使起跑后步长能够得到较快增长；一般在起跨前两步时，身体已基本呈正常的途中跑姿势。 2. 起跨过第一个栏：攻栏，起跨腿用前脚掌着地，在充分蹬伸的同时，摆动腿大腿屈膝高抬，上体尽量前倾，当起跨腿蹬离地面时，小腿积极快速前伸，异侧臂也尽力前伸，完成攻栏；过栏，当起跨腿蹬离地面时，即开始过栏。这时起跨腿收髋屈膝，大腿外展向前提拉，提膝勾脚过栏，准备前摆；同时摆动腿以大腿带动小腿积极向后鞭打扒地，迅速蹬伸髋、膝、踝过渡到后蹬，使身体重心迅速移过栏架；下栏，摆动腿的大腿下压，前脚掌着地，起跨腿提拉至身体正前方。 3. 栏间跑：栏间跑一般有三步、四步、五步栏间跑等形式。下栏的第一步步长较短；栏间跑最后一步要准备起跨，动作要点基本上与起跨过第一个栏前的最后一步相同；栏间跑的最后几步要高抬大腿用前脚掌弹性着地，明显加大摆臂的幅度。

动作要点：

1. 起跑到第一个栏

要保持加速跑节奏（上体抬起、步幅增大、速度加快等）的相对稳定。

2. 起跑过第一个栏

起跨迅速，蹬地有力；上体前倾，攻栏腿前伸，划臂。

3. 栏间跑

节奏分明，摆臂有力。

跨栏跑的易范错误及纠正方法：

1. 有惧怕心理，不敢过栏

纠正方法：

（1）鼓励学生要相信自己的运动能力，树立信心，尽量消除心理障碍；

（2）尽量采用降低栏高或利用替代器材（如小垫子）等方法、手段，减小过栏的难度，以使学生增强自信、消除恐惧心理。

2. "跳"栏

纠正方法：

（1）通过讲解、示范，明确身体要积极向前攻栏，强调身体向前而不是向上，培养跨栏或跑栏的意识；

（2）标出适宜的起跨点，控制起跨距离，强调起跨腿要充分蹬伸，不要离地过早；

（3）反复练习过栏，提高熟练程度。

3. 栏间跑不是跑，而是跨步跳

纠正方法：

（1）适当调整栏间距；

（2）改进攻栏技术，减小水平速度的损失；

（3）加强腿部力量，提高速度。

（二）文案

文案如表 3-3-2 所示。

表 3-3-2　文案

教学内容	呈现方式	备注
跨栏跑完整动作示范	动画演示、拍摄视频素材大全景呈现（使用的工具：万彩动画大师，松下 AG-DVX200MC 数码摄像机，XS Max 苹果手机）	重点：跨栏步技术
从起跑到第一个栏	拍摄视频素材近景、全景呈现（使用的工具：松下 AG-DVX200MC 数码摄像机，XS Max 苹果手机）	难点：过栏时的鞭打、提拉过栏动作和身体的协调配合
起跨过第一个栏	拍摄视频素材特写、全景呈现（使用的工具：松下 AG-DVX200MC 数码摄像机，XS Max 苹果手机）	

续表

教学内容	呈现方式	备注
栏间跑	拍摄视频素材特写、全景呈现（使用的工具：松下 AG-DVX200MC 数码摄像机，XS Max 苹果手机）	
跨栏跑的易犯错误及纠正方法	拍摄视频素材全景呈现（使用的工具：松下 AG-DVX200MC 数码摄像机，iPhone XS Max 手机）	
发展跨栏跑能力	拍摄视频素材全景呈现（使用的工具：松下 AG-DVX200MC 数码摄像机）	
小结	动画解说、视频素材大全景呈现	

（三）完整的解说词

1. 导入部分

跨栏跑是在规定的跑道上和一定距离内、遵守一定的规则、跨过规定高度和数量的栏架，并以最先跑到终点取胜的田径项目。

2. 思政元素部分

2006 年 7 月 12 日，刘翔在国际田联超级大奖赛洛桑站男子 110 米栏的决赛中，以 12 秒 88 的成绩打破了沉睡 13 年之久的男子 110 米栏世界纪录，并夺得金牌。

他是 110 米栏史上第一位同时集奥运会冠军、世锦赛冠军、世界纪录于一身的选手，同时也是中国全运会史上第一位三连冠田径选手，为祖国争得了无上荣光。2012 年奥运会上，刘翔因脚伤，摔倒在第一根栏前。但他单腿跳到了终点，用一个亲吻告别跑道。

3. 示范讲解部分

下面来一起看看、跨栏跑的完整动作示范吧！

跨栏跑的技术动作包括从起跑到第一个栏、起跨过第一个栏和栏间跑三个部分。

起跑到第一个栏的技术动作：跨栏跑采用蹲踞式起跑，起跑的过程与短跑基本相同，起跑时把起跨脚放在后面。这里采用七步起跑，起跑后上体抬起要比短跑抬起得早，一般在起跨前两步时身体已基本呈正常的途中跑姿势。

起跨过第一个栏的技术动作：包括攻栏、过栏和下栏。攻栏时，起跨腿用前脚掌着地，充分蹬伸，摆动腿屈膝前抬，小腿迅速前伸，异侧臂向前，上体前压，过栏时，摆动腿积极下压，起跨腿迅速外展、提拉、前摆。下栏时，摆动腿大腿下压，前脚掌着地，起跨腿提拉至身体正前方。

栏间跑的技术动作包括：栏间跑常采用三步、四步或五步等形式。这里以三步为例。下栏第一步步长较短，最后一步要准备起跨。动作要点基本与起跨过第一个栏前的最后一步相同。

4. 错误动作与纠正部分

错误动作 1：有惧怕心理，不敢过栏

纠错：降低栏高，减小过栏难度同时，为了克服恐惧心理，在初学跨栏时，还可以先采用皮筋、体操垫、泡沫栏作为正式跨栏器械替代品，进行跨栏练习。

错误动作 2：跳栏

纠错：找到适合自己的起跨点，充分蹬伸起跨腿，反复练习过栏。

错误动作 3：栏间跑不是跑，而是跨步跳

纠错：适当调整栏距，加强腿部力量。

5. 训练方法部分（发展跨栏跑能力的练习方法）

包括跨栏坐柔韧性练习、原地起跨腿的过栏练习、栏侧摆动腿攻栏练习、栏侧起跨腿过栏练习等。除了跨栏跑能力的练习以外，同学们还需要多做基本能力的练习，如高抬腿跑练习、提膝踢腿交替跳练习等。

6. 总结部分

到这里跨栏跑的学习就完成啦，对于跨栏跑的动作方法，你掌握了多少呢？

下面，让我们一起巩固一下前面的学习内容吧！

从起跑到第一个栏时，保持加速跑节奏的相对稳定。

起跨过第一个栏时，起跨迅速，蹬地有力，上体前倾，攻栏腿前伸，划臂。

栏间跑时，节奏分明，摆臂有力。

（四）素材表

素材的规划如表 3-3-3 所示。

表 3-3-3　素材表

视频、图片素材	微课中跨栏跑完整动作示范、跨栏跑分解动作示范、跨栏跑的易犯错误及纠正方法、发展跨栏跑能力部分
动画素材	微课中项目引入、小结部分
文本素材	制作该微课所需的分镜脚本、配音文稿和后期编辑脚本
音频素材	微课中的动作要领讲解、背景音乐部分

（五）脚本

脚本需要根据内容的规划具体设计。

1. 微课的内容规划

（1）项目引入（教学目标）

（2）常速完整动作示范+240fps 慢速完整动作示范

（3）慢速分解动作（配文字说明）

（4）分解动作讲解（小窗口或画中画，指示性标注，示范动作重复播放）

（5）错误动作示范+纠正方法

（6）发展跨栏跑能力的练习方法

（7）小结

内容的画面设计运用技术：绿幕抠像、慢放、静帧、局部放大、小窗口、指示性标注、动作重复播放、画中画。

2. 视频素材分镜脚本与后期编辑脚本

视频素材的分镜脚本如表 3-3-4 所示。后期编辑脚本如表 3-3-5 所示。

表 3-3-4 跨栏跑视频素材分镜脚本

组号	镜号	拍摄内容	拍摄设备	机位	角度	景别	帧频	运镜（摄法）	画面内容描述	备注
1	1-1	跨栏跑完整动作	松下 4K	正侧	平视	全景	常速（60fps）	移（跟）	跨栏跑完整动作示范，包括从起跑到第一个栏，起跨跑过第一个栏、栏间跑和最后的冲刺跑	跟两次
2	2-1		苹果手机	正侧	平视	全景	慢速（240fps）			
3	3-1	从起跑到第一个栏	松下 4K	正侧	平视	全景	常速（60fps）	跟/摇	呈现起跑到第一个栏时身体状态及动作方法，身体与地面位置的关系；起跑步数与起跑距离的关系	【3 次（跟 2 摇 1）】
4	4-1		苹果手机	正侧	平视	全景	慢速（240fps）			
5	5-1	起跑	松下 4K	正侧	平视	近景（各就位全身开始）	常速（60fps）	定位、定焦、定景别	起跨脚与摆动脚的位置关系	要跑出去【2 次】
	5-2			正前						
6	6-1		苹果手机	正侧			慢速（240fps）			
	6-2			正前						
7	7-1	起跨跑过第一个栏	松下 4K	正侧	平视	全景	常速（60fps）	定位、定焦、定景别（或摇）	起跨腿、摆动腿与地面和栏架的关系	前侧机位也要【3 次（定 2 摇 1）】
	7-2			正前						
8	8-1		苹果手机	正侧			慢速（240fps）			
	8-2			正前						
9	9-1	攻栏时，起跨腿用前脚掌着地	苹果手机	正侧	平视	特写	慢速（240fps）	定位、定焦、定景别	起跨腿前脚掌与地面的关系	【1 次】
	9-2	下栏时，用摆动腿的前脚掌着地							摆动腿前脚掌与地面的关系	

续表

组号	镜号	拍摄内容	拍摄设备	机位	角度	景别	帧频	运镜（摄法）	画面内容描述	备注
10	10-1	栏间跑	松下 4K	正侧	平视	全景	常速（60fps）	跟	步长与栏架的关系；栏间跑动作技术呈现	【3 次】
	10-2		苹果手机	正前				慢速（240fps）	跟		
11	11-1									
	11-2							定位、定焦、定景别		
12	12-1	栏间跑用前脚掌弹性着地	苹果手机	正侧	平视	特写	慢速（240fps）	定位、定焦、定景别	前脚掌与地面的关系	【1 次】

错误动作示范+纠正方法

组号	镜号	拍摄内容	拍摄设备	机位	角度	景别	帧频	运镜（摄法）	画面内容描述	备注
1	1-1	错误动作示范 1：有惧怕心理，不敢过栏	松下 4K	正侧	平视	全景	常速（60fps）	定位、定焦、定景别	有惧怕心理，不敢过栏	慢速一次
										【2 次】
2	2-1	错误动作示范 2："跳"栏	松下 4K	正侧	平视	全景	常速（60fps）	定位、定焦、定景别	"跳"栏	【2 次】
	2-2		苹果手机				慢速（240fps）			
3	3-1	错误动作示范 3：栏间跑不是跑，而是跨步跳	松下 4K	正侧	平视	全景	常速（60fps）	定位、定焦、定景别（／跟）	栏间跑不是跑，而是跨步跳	【2 次】
	3-2		苹果手机				慢速（240fps）			

续表

发展跨栏跑能力的练习方法

组号	镜号	拍摄内容	拍摄设备	机位	角度	景别	帧频	运镜（摄法）	画面内容描述	备注
1	1-1	"跨栏坐"柔韧性练习	松下4K	正侧	平视	全景	常速（60fps）	定位、定焦、定景别	"跨栏坐"柔韧性练习	慢速一次【2次】
	1-2			正前						
2	2-1	原地起跨腿的过栏练习	松下4K	正侧	平视	全景	常速（60fps）	定位、定焦、定景别	原地起跨腿的过栏练习	慢速一次【2次】
3	3-1	栏侧摆动腿攻栏练习	松下4K	正侧	平视	全景	常速（60fps）	定位、定焦、定景别	栏侧摆动腿攻栏练习	慢速一次【2次】
	3-2			正前						
4	4-1	栏侧起跨腿过栏练习	松下4K	正侧	平视	全景	常速（60fps）	定位、定焦、定景别	栏侧起跨腿过栏练习	慢速一次【2次】
	4-2			正前						

表 3-3-5 跨栏跑后期编辑脚本

序号	内容名称	起始镜头号（素材编号）结束镜头号（素材编号）	内容示意		解说	转场类型或转场设计	剪接意图及所实现的教（学）策略、目标	背景音乐设计（可选）	长度（s）
			起始镜头（素材）结束帧	结束镜头（素材）起始帧					
1	微课标题和片头	微课标题 / 跨栏动画1			跨栏跑是在规定的跑道上和一定距离内，遵守一定的规则跨过规定高度和数量的栏架，并以最先跑到终点取得胜的田径项目	圆划像	呈现微课主题，激发学习者学习兴趣		15
3	完整动作示范	8164 / 8166			下面我们一起看看跨栏跑的完整动作示范吧！	白场过渡		千坂 - Starry	25
4	慢速分解动作	8178 / 8187			跨栏跑的动作方法包括从起跑到第一个栏、起跑过第一个栏和栏间跑三部分	白场过渡	加深学习者对跨栏跑动作的认识		45
5	分步教学标题——从起跑到第一个栏	跨栏跑——从起跑到第一个栏 / 跨栏跑——从起跑到第一个栏				交叉溶解	由初步认识到加深理解记忆，便于学习者清晰的看到跨栏跑的动作技术。		5

续表

序号	内容名称	起始镜头号（素材编号）	结束镜头号（素材编号）	内容示意		解说	转场类型或转场设计	剪接意图及所实现的教（学）策略、目标	背景音乐设计（可选）	长度（s）
				起始镜头（素材）结束帧	结束镜头（素材）起始帧					
6	从起跑到第一个栏	8177	8178			跨栏跑采用蹲踞式起跑。起跑的过程与短跑基本相同，这里采用七步起跑，起跑时把起跨脚放在后面起跑，起跑后上体抬起比短跑起跑的早，一般在起跨前两步时，身体已基本呈正常的途中跑姿势	白场过渡			50
7	分步教学标题——起跨过第一个栏	跨栏跑——起跨过第一个栏	跨栏跑——起跨过第一个栏				交叉溶解			5
8	起跨过第一个栏	8180	8433			跨栏步的动作要领包括攻栏、过栏和下栏。攻栏时，起跨腿用前脚掌着地，充分蹬伸，摆动腿屈膝前抬，小腿迅速前伸，异侧臂向前，上体前压；过栏时，摆动腿积极下压，起跨腿迅速外展，提拉，前摆；下栏时，摆动腿的大腿下压，前脚掌着地，起跨腿提拉至身体正前方	白场过渡			55

续表

序号	内容名称	分步教学标题	起始镜头号（素材编号）/ 结束镜头号（素材编号）	内容示意：起始镜头（素材）结束帧 / 结束镜头（素材）起始帧	解说	转场类型或转场设计	剪接意图及所实现的教（学）策略、目标	背景音乐设计（可选）	长度（s）
9		分步教学标题——栏间跑	跨栏跑——栏间跑 / 跨栏跑——栏间跑			交叉溶解			5
10	栏间跑		8186 / 8436		栏间跑是跨栏跑的重要技术环节，常采用三步、四步或五步等形式。这里以三步为例。下栏的第一步步长较短，最后一步要准备起跨，动作要点基本上与起跨过第一个栏前的最后一步相同；栏间跑的后几步要高抬大腿，用前脚掌弹性着地，明显加大摆臂的幅度	白场过渡			50
12		标题——错误动作示范及纠错	错误动作示范及纠错 / 错误动作示范及纠错			交叉溶解	帮助学习者更加精准地掌握跨栏跑的动作技术		5
12	有惧怕心理，不敢过栏		8190 / 8177		错误动作1：有惧怕心理，不敢过栏				15

续表

序号	内容名称	起始镜头号（素材编号）	结束镜头号（素材编号）	内容示意		解说	转场类型或转场设计	剪接意图及所实现的教（学）策略、目标	背景音乐设计（可选）	长度（s）
				起始镜头（素材）结束帧	结束镜头（素材）起始帧					
13	跳栏	8193	8180			错误动作2：跳栏 出现跳栏现象，我们要找出适宜的起跳点，起跨腿要充分蹬伸，不要离地过早，反复练习过栏，提高熟练程度。				20
14	栏间跑不是跑，而是跨步跳	8194	8186			错误动作3：栏间跑不是跑，而是跨步跳 适当调整栏距，加强腿部力量。				15
15	标题——发展跨栏跑能力的练习方法	发展跨栏跑能力的练习方法	发展跨栏跑能力的练习方法				交叉溶解			5
16	"跨栏坐"柔韧性练习	8204	8204			1."跨栏坐"柔韧性练习				10

续表

序号	内容名称	起始镜头号（素材编号）	结束镜头号（素材编号）	内容示意		解说	转场类型或转场设计	剪接意图及所实现的教（学）策略目标	背景音乐设计（可选）	长度（s）
				起始镜头（素材）起始帧	结束镜头（素材）结束帧					
17	原地起跨腿的过栏练习	8205	8205			2. 原地起跨腿的过栏练习				10
18	栏侧摆动腿攻栏练习	8199	8200			3. 栏侧摆动腿攻栏练习				25
19	栏侧起跨腿过栏练习	8201	8202			4. 栏侧起跨腿过栏练习				25
20	小结	动画2	8166			到这里跨栏跑的学习就完成啦，对于跨栏跑的动作方法，你掌握了多少呢？下面，让我们一起巩固一下前面的学习内容吧！起跑到第一个栏，保持加速跑节奏（上体抬起、步幅增大、速度加快等）的相对稳定；起跑过第一个栏，起跨迅速、蹬地有力、上体前倾、攻栏腿前伸、划臂；栏间跑，节奏分明、摆臂有力	黑场过渡	巩固知识，加深记忆		45

二、制作

（一）素材的制作

1．视频、图片素材

拍摄工具：松下 AG-DVX200MC 数码摄像机（超高清 1920×1080、25fps）；iPhone XS Max 苹果手机（高清、240fps）

（1）选取拍摄场地和演员

根据微课需要选取校内的室外田径场进行拍摄，邀请专业运动员进行动作示范。拍摄场地选择室外田径场，如图 3-3-1 所示。

图 3-3-1　拍摄场地和动作示范

（2）前期拍摄

在拍摄前为了保证拍摄任务可以顺利进行，需要对拍摄场地进行多次踩点。踩点主要是为了了解在各种天气情况下和时间情况下所要使用的场地的光线变化情况及场地的课用情况，以便与运动员商定拍摄时间。在拍摄时间、地点、人物条件都确定好后，制作打板卡片，运用打板卡片可在素材导出后对素材进行轻松整理归类，也为后期编辑视频素材时提供了便利。

接下来，根据视频素材分镜脚本内容进行多次试拍，需要注意的是录制背景要简洁。拍摄主要分成两大部分，即完整动作示范和分解动作示范，整个拍摄过程中主要以取全景、近景和特写素材为主。以跟拍的形式进行完整动作的拍摄以及部分分解动作拍摄工作，跟拍时要尽量与运动员保持相对静止的状态，并保证运动员在画面的中间位置，以达到清晰显示动作的效果；其余分解动作拍摄主要有 3 个机位，即正侧机位、正前机位和前侧机位，在和小组人员充分沟通拍摄脚本后，摄像师们各持一机，相互配合。由于大部分体育动作具备快速和连续的特点，在第一次试拍结束导出素材后，我们发现好多素材出现了拖尾问题。在经过多次尝试后最终确定拍摄常速素材时，使用松下 AG-DVX200MC 数码摄像机，参数为超高清 1920×1080、25fps；拍摄慢速素材时使用 iPhone XS Max 苹果手机，参数为高清、240fps。

在拍摄的过程中，要注意考虑整体与局部的结合，既要将连续的视频和固定的画面结合起来，又要选择不同的位置和不同角度来拍摄演员，以便在后期制作的过程中选出最符合教学要求的画面。打板卡片如图 3-3-2 所示。

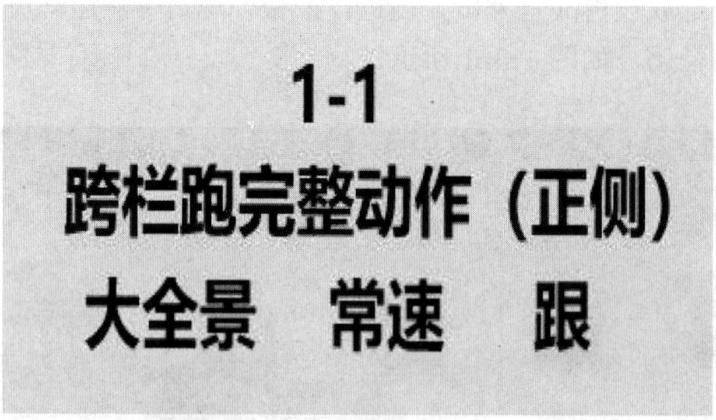

1-1
跨栏跑完整动作（正侧）
大全景   常速   跟

图 3-3-2　打板卡片

（3）整理素材

正式拍摄完成后，将导出的所有视频、图片素材进行整理编排。首先将不可用素材放在一个文件夹中，然后对可用的素材按微课结构进行分类整理，分别放入以下 7 个文件夹中，即从起跑到第一个栏、起跨过第一个栏、栏间跑、错误动作、发展跨栏跑能力、图片和完整动作示范文件夹。素材整理如图 3-3-3 所示。

名称	修改日期	类型
①从起跑到第一个栏	2020/11/27 13:04	文件夹
②起跨过第一个栏	2020/12/8 14:12	文件夹
③栏间跑	2020/11/27 13:09	文件夹
④错误动作	2020/11/27 13:11	文件夹
⑤发展跨栏跑能力	2020/11/27 13:12	文件夹
不可用	2020/11/27 11:04	文件夹
图片	2021/4/9 12:27	文件夹
完整动作示范	2020/12/8 13:49	文件夹

图 3-3-3　素材整理

（4）补拍镜头

在整理编排完已有素材后，发现前期拍摄的栏间跑部分的视频素材没有达到预期的效果，很难与上一部分动作起跨过第一栏的画面内容进行衔接，所以后边又对栏间跑部分的内容进行了补拍，补拍主要是为了保证微课成品能够达到理想的效果。

2．动画素材

制作工具：Adobe Animate CC、Adobe Premiere Pro

整个微课中，有两部分用到了动画素材。一是放在开头部分的跨栏跑动画，该动画是在网上收集下载大量动画素材之后，导入 Premiere 中编辑处理所形成的；二是结尾部分的小结动画，在摄图网下载小白板素材、云朵素材、背景素材和一些丰富画面的小插图，然后导入 Animate 中进行关键帧调整，使画面连贯起来。动画素材增加了微课的趣味性，使微课达到更好的教学效果。跨栏跑动画及小结动画如图 3-3-4、图 3-3-5 所示。

图 3-3-4　跨栏跑动画

图 3-3-5　小结动画

3．文本素材

微课文本素材包括解说词、字幕。制作工具是 Word 结合 PS。解说词部分已在前面给出，这里不再赘述。

4. 音频素材

微课的音频素材包括解说、背景音乐、效果音，邀请具备一定录音专业知识的人员进行解说的录制。录制完毕后，导入 Audition 中进行降噪处理。 根据教学情境和后期编辑脚本将合适的背景音乐导入 Adobe Premiere Pro 中进行加工美化，调节气氛，创造轻松愉快的教学环境。如图 3-3-6 所示。

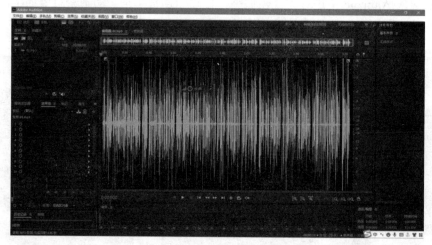

图 3-3-6 解说编辑工程图

（二）后期编辑

该微课的剪辑设备是一台 15.6 英寸、i7 四核处理器、8GB 内存、256 固态硬盘的笔记本电脑。在后期剪辑工作中主要用到了 Adobe AfterEffects、Adobe Photoshop、Adobe Audition、Adobe Premiere Pro 和万兴喵影软件。

1. 片头、片尾的制作

根据后期编辑脚本，在万兴喵影中找符合初中生审美的片头、片尾模板，将选择好的模板添加到编辑轨道上进行文字替换，呈现出该微课的片头、片尾效果。以达到吸引学生注意力、激发学生学习兴趣的目的。如图 3-3-7 所示。

图 3-3-7 片头

2．部分标注的制作

该微课中点及指示性箭头等标注的制作与处理主要使用了 Photoshop 软件。标注的合理运用，便于学生更直观、更清晰地看到动作演示，加深学生对动作要领的理解，提高学生对学习内容的掌握程度。以起跨过第一个栏中的过栏画面为例，首先在 Premiere 中将过栏画面导出关键帧；其次将图片导入 Photoshop 中，利用里边的绘图工具做出指明起跨腿外展方向的指示性箭头，并将指示性箭头放在合适的位置上；最后导出 png 格式的箭头并导入 Premiere 中进行标注。指示性箭头图示如图 3-3-8 所示。

图 3-3-8 指示性箭头图示

3．视频剪辑

本微课选择 Premiere 作为主要的剪辑工具。首先，将视频素材、图片素材、动画素材、音频素材和其他各类准备好的素材导入 Premiere 中，然后根据项目规划脚本和后期脚本设计的内容按"总—分—纠错—发展跨栏跑能力的练习方法—总"的结构将各类素材拖放到时间轴相应位置上进行初剪（即粗剪），最后根据初中《体育与健康》（九年级）教材中跨栏跑部分的课本教学内容、教学方案及讲解文稿内容进行精剪。在精简过程中，由于导出的静帧图片色调出现偏差，故对部分图片的白平衡和色调进行了适当处理，同时，为了使各类素材能够完美衔接，在素材衔接过程中主要运用了交叉溶解、黑场过渡、叠加溶解、划出、页面剥落和指数淡化等效果，最终呈现出符合初中生审美的微课。Adobe Premiere Pro 剪辑界面如图 3-3-9 所示。

图 3-3-9　Adobe　Premiere　Pro 剪辑界面

第四章 《体育与健康——跳高》体育微课的开发

《跳高》体育微课是以人教版《体育与健康》（八年级）教材中第二章跨越式跳高部分的内容为知识内容。

一、设 计

（一）学习内容与学习者的分析

体育实践课堂的教学设计是上好一节体育课的前提，本研究的教学内容选自人教版《体育与健康》（八年级）教材中第二章跳类部分的跨越式跳高课程，受众者为初中八年级的学生，年龄为 15 岁左右，正处于向成熟青年期过渡的关键时期，身体素质较好，具有丰富的想象力与挑战力，且独立意识也明显增强；但注意力也容易分散，克服困难的意识还不够顽强。

为使本研究微课教学更具权威性，使本研究的教学环节设计更加合理化、规范化、科学化，前期搜集整理了大量优秀的跨越式跳高教学文案，对所选文案的教学目标、教学内容、教学方法、教学重难点以及教学时间分配进行分析总结；后期与专业的田径老师进行访谈交流，由专业的老师为本次教学进行教学设计，形成最终的跨越式跳高的教学设计方案，为后续的文案做好充分准备。本研究的教案如表 3-4-1 所示。

表 3-4-1 教案

课题	人教版《体育与健康》八年级：第二章跨越式跳高：16~18 页
教学目标	1. 通过本课的学习，使学生学会跨越式跳高的基本技术，并了解此项运动的相关知识与锻炼价值；了解助跑、起跳、腾空过杆、落地缓冲 4 个关键环节要点，以及如何练习；发展学生的下肢力量，锻炼身体的协调性和弹掉能力，激励学生勇于挑战。 2. 经过教学，使学生基本掌握跨越式跳高的技术，建立正确的动作概念，并且练习各种跳跃方法，了解掌握跨越式跳高动作的技术要点，使之成为自己的兴趣爱好，积极地参与跳高活动的游戏和比赛。 3. 通过跳高的教学，在自学、实践和思考中体验获取知识和技能的乐趣，在游戏和比赛中与同伴融洽相处，相互配合，培养自觉遵守游戏规则的意识与团队精神，培养学生的进取心以及不骄横、不气馁、坚韧不拔的意志品质。
教学重难点	重点：起跳处的各个关节的位置关系及过杆技术 难点：助跑与起跳的衔接
教学内容	学习跨越式跳高的动作要领；对易错动作进行纠正并学习练习方法

课题		人教版《体育与健康》八年级：第二章跨越式跳高：16～18 页
教学方法		教法：讲授示范法、分解法、纠错法 学法：观察法、模拟练习法、讨论法
	助跑	侧边进行直线助跑，起跑稳，步点准； 前三小步，身体前倾，直线助跑步伐稳定； 后四大步，降低重心，脚掌滚动、狠抓地； 后四大步中，步频要快速，时时注意快、准、稳。
	起跳	起跳点距离右侧起跳柱斜向 45°方向约一臂距离； 快速迈步，踝部、膝部、髋部关节超过肩膀，脚后跟领先着地； 膝盖进行缓冲，髋关节向上翻，与此同时，踝、膝、髋、肩关节的位置斜成一条直线； 快速摆动双腿，将踝部、膝部、髋部关节充分蹬伸直，身体向上跳起； 急速蹬起摆动，此时脚尖离开地面，身体腾空。
	腾空过杆	过杆时身体离地腾起，手臂向上挥举，摆动腿向上摆动后，内翻转并向下压； 向前倾上体、手臂向下垂，起跳腿向上高抬并外侧旋转； 上部身体向内侧转，手臂向上挥。
	落地	摆动腿先着地，起跳腿随后着地； 着地之后摆动腿立即屈膝； 身体做好缓冲，不要着急。
易犯错误	助跑刚启动时不积极，步伐节奏不明显	1. 要求开始进行助跑时，要专心集中注意力，积极地向后蹬前两步；用细绳、皮筋等较软物在练习时代替横杆，以此来消除学生对跳高杆的惧怕心理，多次练习后，再换回跳高横杆； 2. 确定适合且准确的步点，可在助跑路线上测量助跑步点，多次进行助跑。
	起跳时，向上不够	1. 加强正确的起跳技巧并多加练习； 2. 多加练习迈步摆腿动作，尤其是向上提髋关节的动作，增加摆动腿的摆幅； 3. 体验助跑的节奏点，注意练习助跑起跳的衔接动作。
	落地时上体向后仰	1. 坐在起跳垫上或跳箱上，做转体运动； 2. 在练习腾空过杆时，使学生听到信号后立刻转身面对跳高杆，并注意过杆时起跳腿大腿向胸部贴近； 3. 练习加速两腿的交换速度，可进行两步起跳剪绞练习； 4. 多加练习助跑和起跳动作，加快起跳腿蹬地的速度。

（二）文案的规划

经过总结出本微课的教案后，总结跨越式跳高动作的重难点，在教学设计方案的基础上，对跨越式跳高进行文案编写，为每个动作技能考虑最佳的呈现方式，并邀请到专业的田径教师为本文案进行修改和补充，对镜头如何使动作呈现更加合理、科学、规范提出建议，最终形成一个准确、精练的文案。其中，将本次微课中的重点与难点在文案中进行说明。本研究的文案如表 3-4-2 所示。

表 3-4-2　文案

内容		内容效果策划	媒体处理手段	备注
课程导入	完整动作	整个运动在运动时方向会发生变化，需要运用横摇镜头展现运动员的正侧面、正前位置	拍摄、PR 剪辑	
分步讲解	助跑	助跑方向路程远，方向多变，跳高杆正侧位置横摇镜头	拍摄、PR 剪辑、指示性标注	本节教学内容的重点在于助跑与起跳动作的衔接过程，最佳展示机位为跳高杆正侧位置
	起跳	跳高杆正侧位置横摇、定机位展现，着重展现助跑与起跳动作的衔接、起跳时踝、膝、髋、肩关节的位置关系	拍摄、PR 剪辑、指示性标注、动画	
	腾空过杆	跳高杆正侧位置、运动员正前位置定机位展现，着重展现过杆的腿部动作	拍摄、PR 剪辑、指示性标注	本节教学难点在于摆动腿内转下压时，起跳腿外旋向上提
	落地	跳高杆后侧位置展现，着重展现落地腿部缓冲动作	拍摄、PR 剪辑、指示性标注	
易错动作示范	助跑不积极	跳高杆正侧位置横摇镜头，体现身体动作	拍摄、PR 剪辑、标注	
	起跳向上不够	跳高杆正侧定机位，着重展现起跳幅度	拍摄、PR 剪辑、标注	
	上体后仰	跳高杆正侧定机位，着重展现身体动作	拍摄、PR 剪辑、标注	

（三）素材媒体类型的规划

在微课中，各种素材的插入可使微课的呈现方式更加丰富，吸引学习者的学习兴趣，提高微课的教学效果。根据文案内容，规划设计本节微课所需的素材，包括视频类素材、文本类素材、图片类素材、动画类素材以及音频类素材，以便于提高后期素材的制作及剪辑的效率。本研究所需的素材如表 3-4-3 所示。

表 3-4-3　微课素材规划表

素材类型	内容	素材来源
视频	完整动作示范	拍摄
	分解动作演示	拍摄
	易错动作演示	拍摄
	分屏动作划入	AE 制作
	微课标题	PR 加工制作
	片尾	PR 加工制作
	指示性标注	AE、PR 制作
动画	片头动画	PR 加工制作
	起跳点位置描述	PS、Flash 制作
音频	旁白解说	配音
	背景音乐	网络下载
文本	片头课程介绍	PS 制作、导入
	分步动作讲解	
	易错动作讲解	
	知识总结	
	教学设计方案	一线教师
	前期规划脚本	设计制作
	视频素材分镜头脚本	设计制作
	后期制作脚本	设计制作
图片	静帧说明	PS 制作
	动画需要的素材	PS 制作
	部分标注所需素材	PS 制作

（四）脚本设计

微课开发的重点之一是脚本的设计，在一系列设计的背后，都基于重要的脚本部分，脚本是将教学术语转化为技术术语的载体，通过前期对体育微课现阶段存在的问题总结，脚本设计的合理性对提升现阶段微课质量起着至关重要的作用。本研究中的微课脚本分为视频素材分镜脚本、跨越式跳高项目规划脚本和后期制作脚本三部分，且每个部分的脚本设计都是环环相扣，才会形成一个完整、准确、科学的微课。

1. 视频素材分镜脚本设计

在教案和素材表制作完成后，开始准备跨越式跳高动作的视频素材分镜头脚本，视频素材分镜脚本是为了提高拍摄时的效率，将每个教学环节分解为若干独立的镜头，每个镜头进行合理设计构思，在敲定最后一版脚本之前，多次到达拍摄地点进行踩点拍摄，分析镜头角度的合理性，不断进行修改。按顺序为镜头编号，脚本包括镜头编号、景别、角度、帧频、运镜、机位位置等信息，保证拍摄进度井然有序地进行。部分视频素材分镜头脚本如表 3-4-4 所示。

表 3-4-4　部分视频素材分镜头脚本

组号	镜号	拍摄内容	拍摄设备	机位	角度	景别	帧频	运镜（摄法）	画面内容描述	备注
1	1-1	跨越式跳高完整动作	松下 4K	A	平视	小全	常速 60fps	定位横摇	跨越式跳高完整动作示范	场景背景干净简洁，演员身穿运动服装、运动鞋，头发不能太过蓬松，注意表情管理
	1-2			B						
	1-3			C	俯视					
2	2-1	跨越式跳高完整动作	松下 4K	A	平视	小全	常速 60fps	定位定焦定景别		

2．项目规划脚本设计

根据所整理的素材表制作跨越式跳高动作的项目规划脚本，包括解说词内容、表现说明、参考图示意等信息，将微课的整体构思进行视觉呈现，进一步完善微课开发设计的方案，提高微课制作效率。脚本内容包括解说词、表现说明、参考图示意等信息。部分规划脚本如表 3-4-5 所示。

表 3-4-5　部分规划脚本

初中《体育与健康——跳高》微课制作脚本（具体方案）			
解说词内容	表现说明	参考图示意	备注
	片头：画面淡入的同时背景音乐渐起，呈现题目"初中《体育与健康——跳高》微课"，引起学习注意。	初中《体育与健康——跳越式跳高》微课	制作手法：特效包装节奏轻快、紧密
	文字小标题	跨越式跳高	制作手法：特效包装
跳高是田径运动田赛项目之一，作为比赛项目，始于爱尔兰和苏格兰。跨越式跳高是急行跳高姿势之一，创始者为罗伯特·柯奇，他于 1864 年创造了这种方法，是跳高过杆技术中，最早采用和最简易的一种。本节课我们就来学习跨越式跳高。你准备好了吗？	跨越式跳高引入（教学目标）苏格兰高地运动会与牛津—剑桥运动会赛事场景混剪，各类跳高姿势画面（动画）平行滑入。展示赛事史料与跳高姿势演变过程，有利于激发学生的学习兴趣		制作手法：素材剪辑节奏卡点

3. 后期脚本设计

微课素材分镜脚本与规划脚本制作完成后，进一步对如何呈现内容进行镜头划分，制作后期剪辑脚本，分析每个动作之间衔接的知识逻辑和画面逻辑是否科学合理、动作的连贯性是否有助于学习者学习、视频的整体规划是否符合初中生的认知水平以及画面的切换方式是否符合大众的观看习惯，脚本内容包括内容名称、起始镜头号、结束镜头号、内容示意图、解说词、转场类型、剪辑意图等信息。部分微课开发的后期制作脚本如表 3-4-6 所示。

表 3-4-6　部分微课开发的后期制作脚本

序号	内容名称	起始镜头	结束镜头	内容示意		解说	转场设计	剪接意图及所实现的教学目标
				起始镜头—结束祯	结束镜头—起始祯			
1	标题	微课标题	标题——完整动作示范			首先和我一起，观看跨越式跳高动作的完整示范吧！	交叉溶解	从整体到局部，按照逻辑内容，进入微课的第一部分；明确学习内容，引起学习者学习兴趣
2	完整动作展示	标题——完整动作示范	5-2				白场过渡	静接静，多角度完整动作展示镜头拼接，赋予固定画面以动感和跳跃感，使学生对将要学习的跨越式跳高动作有初步的概念及印象

二、制　作

（一）素材的制作

针对微课所需的各种素材，使用不同软件对素材进行制作、处理与加工。素材处理常用软件如表 3-4-7 所示，本次微课全部素材整理如表 3-4-8 所示。

表 3-4-7　素材处理常用软件表

素材类型	处理软件	备注
视频、动画素材	Adobe Premiere Pro 2020	Premiere Pro 是一种简易、高效的视频剪辑处理程序软件，2020 版相比较以往的版本编辑速度更快、稳定性更高、音频处理速度更快等
	Adobe After Effecs CC2017	CC2017 相较于以往对性能加以了改进，Adobe After Effects 可以用于制作高端的视频效果，具有较高的视频特效合成技术，在动画和视频的制作上提供辅助作用
	Adobe Flash 2017	可用于制作二维动画、多媒体，进行互动式网站的设计

续表

素材类型	处理软件	备注
图片、文本素材	Adobe Photoshop 2020	Adobe Photoshop 2020 可以很好地处理图像以及对图像进行后期修饰，还可用于平面设计、界面设计
音频素材	Adobe Audition 2020	Adobe Audition 可对音频进行修音、降噪、混音等处理，功能性很全面，主要用于音频的录制和混合、音频效果的处理等的应用程序

表 3-4-8　素材整理表

素材类型	数量	大小
视频素材	139	12.3GB
动画素材	6	1.9GB
图片素材	75	199MB
音频素材	6	60.3MB
文本素材	93	67MB

1．视频素材的制作

（1）前期准备

选择专业的跳高运动员：跳高是一种综合了爆发力、柔韧性和协调性的技术动作，为了保证动作的规范性和准确性，演示者需要具备专业的跳高技能才可准确地展示动作要领细节，其中邀请到专业的田径老师现场对动作进行指导。

拍摄设备的选择：由于跨越式跳高动作的运动速度较为快速，动作分布较为细致，对拍摄设备要求较高，故选用可以录制 4K 超高清动态影像并可以调节帧频的松下 AG-DVX200MC 数码摄像机；为了避免部分慢动作镜头出现拖尾的现象，选用 iPhone XS Max 手机拍摄部分慢动作的镜头素材。

选定拍摄地点和拍摄时间：场地的选择是影响视频水平的重要因素之一，在前期对田径馆与田径场的踩点拍摄，经过对现场录像效果的对比，选择空间宽广、光线明朗的室外田径场。在不同天气的条件和不同的时间段，所拍摄出的效果也不相同，为了避免出现过度曝光以及影子问题，经过多次踩点拍摄后，选择天气晴朗时的早晨 6 点半到 8 点、下午 4 点半到 5 点半的最佳拍摄时间段进行视频素材的摄取。

（2）视频素材采集

视频素材采集之前，需确定合适的机位。跨越式跳高动作较为特殊，没有相对的正侧、前侧等机位，故通过多次的踩点拍摄，为跨越式跳高设定合适的机位。如图 3-4-1 所示，跨越式跳高的助跑运动轨迹基本以 A 点为中心，故 A 点为视频素材拍摄的主要机位点，此处可拍摄到整个动作的流程，且动作的要领清晰体现；B 点处可展现起跳与过杆时的身体动作，且仰视镜头效果较好；C 位于跳高杆的后侧，此处可完整展示落地时的动作要领。

采集素材时，为每组镜头拍摄设定 3 个松下 AG-DVX200MC 数码摄像机的机位，部分慢动作镜头使用 iPhone XS Max 手机进行素材拍摄。

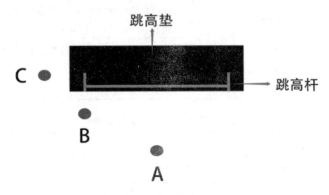

图 1（示意图为俯视角度）

A：跳高杆正侧平拍、固定机位+横摇机位

B：距跳高杆左侧 15 米仰视 30°、固定机位+横摇机位

C：距跳高杆右前侧 15 米平拍、固定机位+横摇机位

图 3-4-1　机位示意图

为使画面转接时没有跳跃感，以便后期剪辑，在开拍之前确保 3 个机位的设备参数一致，在确定机位位置后，对拍摄设备进行参数调节。对于 4K 摄像机，首先确定录制格式，常速镜头使用 FHD\1920×1080\25p 的格式，慢速镜头使用 FHD\1920×1080\120p 的格式；接下来进行白平衡调节，检查按钮是否在 MENU 档，取一张白纸对准镜头，使白纸充满整个屏幕，随后长按白平衡开关（AWB），显示器中出现"白平衡调节完成"即可；最后调节快门速度和光圈，直到画面效果最佳。拍摄高帧频镜头的苹果相机录制格式为高清 240fps。

只有初期的筹备工作准备充足了，后期的拍摄过程才能有条不紊地进行。

拍摄前，确保拍摄现场环境干净整洁、没有无关人员的进出，演员着装需整齐大方，注意表情管理，调整状态。进行多次预拍摄，此过程中可发现脚本的遗漏或不足之处，可及时进行标注与修改。为保证拍摄效率，每次开拍前，与各个机位的摄影师沟通协调，将每人负责的镜头梳理清晰，为避免造成拍摄镜头的遗漏，根据前期视频素材分镜头脚本，提前准备镜头打板（可用 A4 纸说明代替）。

拍摄时，按照前期视频素材分镜脚本来进行拍摄，根据不同的动作特征切换不同的景别、角度以及运镜方式，保证镜头可以清晰反映动作要领。在拍摄完整动作时，使用小全景的景别，定位横摇的镜头应确保拍摄主体在画面之中，拍摄时需注意均匀摇镜头；定焦定位定景别的镜头应确保跳高垫在画面的中间位置，上下方注意留白位置，跳高运动幅度较大，避免人物在运动过程中出框。小全景景别示意如图 3-4-2 所示。

图 3-4-2 小全景

对于腾空过杆动作中的腿部动作，中景可展示腿部交换的动作细节，画面重点为演员的腿部，注意横杆和腿部的构图关系。中景景别示意如图 3-4-3 所示。

图 3-4-3 中景

由于跨越式跳高动作的运动速度较为快速，运动幅度较大，需要多次重复拍摄来保持动作的规范性和一致性。拍摄过程中，一声指令，3 个机位同时开拍，同时结束镜头，保证每组镜头的拍摄无遗漏、拍摄现场井然有序。为了便于后期剪辑，且拍摄慢动作时，快门按下后的前 3 秒以及快门结束前的 3 秒，画面动作为常速，故需注意每个视频开拍之前、结束之后提前或延时拍摄 1—3 秒，避免出现动作的遗漏。

拍摄后，将所得的素材导入电脑中，检查画面是否出现虚焦，并对素材进行分类、筛选与整理，根据素材画面的质量情况决定是否进行后续补拍。部分视频素材如图3-4-4 所示。

图 3-4-4　部分视频素材

（3）制作"四步骤"视频素材

在所得的视频素材中截取跨越式跳高 4 个基本步骤的关键帧，使截取到的图片中地面高度与跳高垫位置相同，可直观看出起跳动作的运动轨迹。将关键帧批量导入到 AE 中，加入效果，制作分屏动作划入，并伴随旁白解说，在 4 个动作按顺序依次划入后，再跟随解说词出现"助跑""起跳""腾空过杆""落地"的字样，根据微课"总分总"的结构，引出后面动作分步示范讲解，强调了动作的 4 个基本环节，使学习者明确所学动作的整体顺序，加深学习印象。AE 工程图如图 3-4-5 所示。

图 3-4-5　AE 工程图

（4）制作微课标题与指示性标注

在素材网中下载标题和标注的部分原始素材，风格为现代、简约。在 Premiere 中导入原始素材，与微课整体画面的颜色进行对比，最终标题部分选定湖蓝色，在原始素材中添加图片背景，加入高斯模糊，修改对比度与亮度。

因视频素材中主体颜色为黄色、粉色和棕色，最终指示性标注选择饱和度较高的红色，使画面颜色协调统一，最后导出成品素材。部分标题和指示性标注截图如图 3-4-6、图 3-4-7 所示。

图 3-4-6 部分标题截图

图 3-4-7 部分指示性标注

2. 动画素材的制作

动画素材主要包括片头和起跳点的位置描述。在网络中截取关于跳高的动画素材，以备后续剪辑。片头动画风格稍活泼，在 Premiere 和 After Effecs 中导入准备的图片素材，进行素材拼接、添加转接特效并修改相关参数等操作，最后导出成品动画素材；在 Flash 中加入关键帧，制作起跳点的位置描述。部分动画素材截图如图 3-4-8、图 3-4-9 所示。

图 3-4-8　片头动画制作

图 3-4-9　起跳点位置描述

3. 图片素材的制作

本微课中的图片素材主要包括静帧与指示性图标。将关键处动作进行静帧处理，精准展示动作要领。在 Premiere 中对关键处动作帧进行截取后，使用 Photoshop 对截取的素材进行裁剪和旋转等处理；使用 Photoshop 制作微课中需要标注类和动画中所需的部分素材，制作过程中注意整体画面色彩的协调度与美观度。部分图片素材如图 3-4-10 所示。

图 3-4-10 部分图片素材

在助跑与起跳动作的衔接过程中，需使用标注体现踝、膝、髋关节与肩膀的位置关系，这里将标注设计为红色圆圈，以及在起跳的瞬间，由地面与脚产生的制动力量顶到髋关节，此处使用箭头提示，此处标注的颜色与前方指示性标注相同，都为饱和度较高的红色，保证标注的统一性。部分指示性标注如图 3-4-11、图 3-4-12 所示。

图 3-4-11 指示性标注

图 3-4-12　箭头标注

　　由于在视频素材采集时，未采集到助跑动作的俯视镜头，为了使起跳点的展示更加立体化，这里为动画素材设计制作跳高垫的俯视图，配色选用绿色为主色调，跳高杆选用黄橙色，与视频中的颜色相呼应。跳高垫素材制作过程如图 3-4-13 所示。

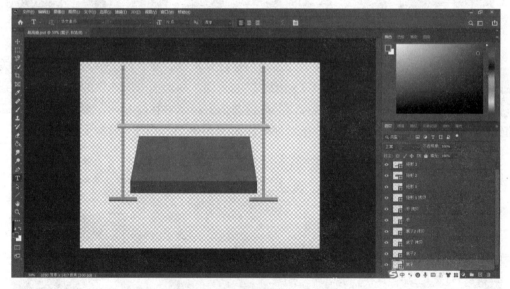

图 3-4-13　跳高垫素材制作过程

　　4. 音频素材的制作

　　音频素材包括解说旁白、背景音乐和特殊音效。由于跳高运动速度较快，且示范演员为男生，故选用音色清晰、较为活泼的专业男播音人员进行录制。取得原始音频后，使用 Adobe Audition 进行后期编辑处理，去掉原始音频文件中不必要的部分，调整音频的分贝，对于已录制完成的音频，由于硬件设备和环境的限制，噪声、回声等问题无法避免地存在着，因此需要对音频进行降噪处理、消除齿音，对回声部分进行分贝数的调整，以得到最后干净、清晰的音频文件，最终完成解说旁白的音频处理。微课中有设置易犯错误动作与正确动作的对比，这里在错误动作展示结束后，加入错误音效，在正确动作展示结束后，加入正确音效，剪辑时将音效与画面标注出现的时间段相吻合。在 QQ 音乐 APP 中找寻节奏恰当的纯音乐《Solstice》，在 Premiere 中根据解说旁白的位置对背景音乐进行分贝数和时长的调整，在解说的时候音背景音量减小，无解说时再增大，音频分割处加入恒定功率、恒定增益效果，使得背景音乐高低起伏过程缓和，与整个微课的节奏相协调。

其中，Adobe Audition 中编辑处理解说旁白效果如图 3-4-14 所示；Premiere 中调整背景音乐与解说旁白效果如图 3-4-15 所示。

5. 文本素材的制作

剩余的文本素材主要用来制作字幕。根据前期整理的文案，为视频整体添加解说字幕。经过与画面的整体色彩进行比较，最终选择白色、黑体格式的字体，每一幕字数在 7—9 个所达效果最佳。在 Photoshop 中对微课的解说字幕进行制作，导出格式为透明通道的 PNG 文件，将批量形成的 PNG 解说文件导入 Premiere 项目中，跟随每个动作和旁白解说的音频位置，调整字幕的位置与时长，整体居中，使之与微课的整体节奏相匹配。字幕效果如图 3-4-16 所示。

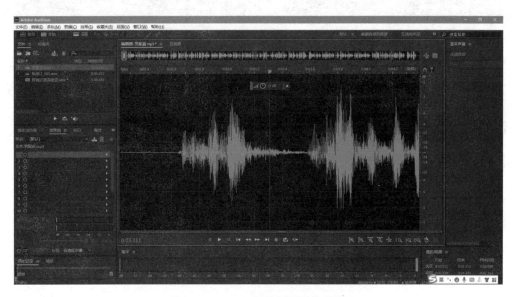

图 3-4-14 AU 调整解说旁白效果

图 3-4-15　PR 调整背景音乐与解说旁白效果

图 3-4-16　字幕效果

第五章 《初中学业水平考试——排球》体育微课的开发

一、设 计

（一）教学内容分析

中考排球体育微课，内容选自人教版《体育与健康》（7～9 年级）教材，且与天津市中考体育测试项目内容——排球的考点相对应。

该微课的开发过程中，以加涅教授提出的"九五矩阵"教学模式作为理论支撑，进行教学内容筛选以及确定微课内容的顺序。因为微课的形式同现实课堂的授课方式存在较大差异，所以本微课确定的教学事件仅与"九五矩阵"中的 4 个教学事件相对应，即引起注意、告诉学习目标、呈现刺激材料、促进记忆和迁移。首先，引起注意，通过展示动画这种生动活泼的片头形式来介绍排球运动项目，衔接以女排比赛的精彩片段来吸引学生注意力，激发其学习动机；然后，告诉学生目标，明确地呈现排球项目动作技能目标，也就是体育中考的测试标准，同时包括中考规则的讲解，主要有介绍场地、成绩达标的要求、考试流程、犯规情况和考试攻略，使学生明白本微课的目的，从而产生学习兴趣；接着，呈现学习资料，正式学习正面双手垫球技术，先给出正确动作示范，以七年级《体育与健康》教材中第五章排球基本技术中的正面双手垫球动作为参考，讲解重难点，教学重点为击球部位、垫球的准确性和稳定性、垫球手型，教学难点为两臂伸直夹紧（无法夹紧可微耸肩完成动作），提肩压腕、全身协调用力，合理的击球时机，然后列举可能发生问题的情况并展示相应可供纠正的策略，比如击球时手臂弯曲、时机把握不准、击球位置不准等常见问题，相对应的纠正方法有原地徒手练习、定球练习、自抛自垫练习、脚步动作练习、加强力量控制练习等具体内容；最后一部分是增强记忆和促进迁移，即总结微课主要教学内容并提供多种发展学生运动技能的练习和体能训练，包括高抬腿、开合跳、俯身小碎步、波比跳、深蹲转体收腹、徒手跳绳、弓箭步、拳击跳出拳等训练。

本研究以优秀教案和教材为知识及知识构架来源，将各个知识点或技能点的内容与媒体呈现方式对应，形成文案，为后面的设计环节提供参考。

本微课所参考的教案如表 3-5-1 所示。由此规划的文案示例如表 3-5-2 所示。

表 3-5-1　参考教案示意图

双手正面垫球技术教案

教学内容	双手正面垫球技术			
教学目标	1. 认知目标：了解排球运动的健身价值、清楚正面双手垫球在比赛中的应用，能够叙述正面双手垫球的动作要领。 2. 技能目标：学习排球正面双手垫球的基本技能，能够连续地垫球；培养平衡、灵敏、协调、柔韧、力量等多种身体素质和基本活动能力，促进身心全面发展。 3. 情感目标：让学生增强自信，体验勤奋、公平竞争和团队合作的良好品质，提高社会适应能力。			
课时	教学内容	教学目标	教学重、难点	组织教法与措施
1	1. 双手正面垫球 2. 四人垫球比赛	1. 了解双手正面垫球的技术原理及其在排球运动中的作用，初步掌握双手正面垫球的技术动作，建立正确动作概念。 2. 让 80%以上的学生能够完成正面双手垫球技术动作，并能熟记动作要领。20%左右学生能够在正确动作概念指引下，积极投入练习。提高学生的上下肢和腰腹力量，增强身体协调性。 3. 在团队活动中学会沟通与合作，体验运动的乐趣和成功的喜悦，对互帮互助，团结向上，坚韧不拔的心理品质有所体验。	重点：垫球手型，击球部位。难点：两臂伸直夹紧，提肩压腕、前送和全身协调用力。	1. 结合视频，讲解教师讲解、示范动作方法。 2. 引导学生徒手模仿练习。 3. 双人配合垫不同位置的固定球练习。 4. 学生两人一组，一抛一垫练习。 5. 教师提示动作难点，从不同角度给学生进行示范。教师巡视观察，辅导学困生，释难解疑，启发。 6. 利用媒体设备反馈学生练习情况，树立榜样作用。 7. 结合微课视频讲解 4 人一组移动垫球比赛规则，进行尝试练习后进行比赛。
2	1. 双手正面垫球 2. 体能练习	1. 通过讲解练习使 90%以上的学生能够掌握排球正面双手垫球技术动作方法，了解垫球技术在比赛中的作用。 2. 经过多种练习，使 90%以上学生形成低姿垫球的习惯找准击球部位；使 85%以上学生能够垫到位球 10 次；发展学生速度、力量、灵敏、协调等身体素质。 3. 培养学生认真自主的学习态度及吃苦耐劳的意志品质，	重点：垫球手型，击球部位难点：合理的击球时机。	1. 找学生示范，教师强调讲解双手正面垫球技术要点 2. 引导学生徒手模仿练习。 3. 双人配合垫不同位置的固定球练习。 4. 指导自己抛球后自垫一次接住球，连续 10 次以上 5. 学生两人一组，两人相距 2—3 米一抛一垫。5 次一交换。五次全到位贴一个任务贴。 6. 教师提示动作难点，从不同角度给学生进行示范。

续表

课时	教学内容	教学目标	教学重、难点	组织教法与措施
2	1. 双手正面垫球 2. 体能练习	提高相互配合、团结协作的意识及能力，增强团队精神。		7.教师巡视观察，辅导学困生，释难解疑，启发引导，适时激励。 8.HIIT（高强度间歇训练）。
3	1. 双手正面垫球 2. 体能练习	1. 学生在掌握双手正面垫球的技术动作的基础上，初步了解并掌握正面双手移动垫球技术要领。 2. 通过本课学练，让80%以上的学生能够做出正面移动，双手垫球技术动作，并能熟记动作要领。20%左右学生能够初步了解准备姿势、抛球和接球的动作。 3. 通过练习，发展学生协调素质和上肢力量，培养学生互帮互助、团结协作的集体主义精神和敢于竞争、用于拼搏的意志品质。	重点：垫球的准确性和稳定性 难点：动作连贯，协调用力。	1.教师观看视频，讲解移动找球的动作要领，从不同角度给学生进行示范。 2.教师提示动作要点，口令练习准备姿势，抛接球练习，移动练习，移动垫球练习，跑动垫球练习。 3.教师巡视观察，辅导学困生，释难解疑，启发引导，适时激励。 4.利用媒体设备反馈学生练习情况，树立榜样作用。 5.根据学练情况，让学生尝试跑动垫球。
4	1. 双手正面垫球 2. 体能练习	1. 了解排球垫球的技术要点，了解中考体育加试排球项目的规则及考核标准。 2. 改进提高排球垫球技术，提高垫球的稳定性。发展学生的身体协调性、灵敏性。 3. 培养学生果断勇敢，坚韧不拔的意志品质和团结协作的精神，增强学生的集体荣誉感。	重点：顶肘压腕，击球部位 难点：身体的持续协调发力	1.教师讲解排球正面双手垫球的规则。 2.提问排球垫球的技术要点，学生回答，教师提示技术要点。 3.每人一球进行练习。 4.根据学生成绩进行分组，提出高度和垫球范围的限制。 6.教师用贴标识的方法使其强化垫球部位。

表 3-5-2　部分文案示意

内容	效果规划	媒体手段	备注
场地介绍	从场地正前方分别展示男女场地尺寸以及仪器设备高度,用静帧直接进行讲解即可	拍摄、PR 剪辑、指示性标注	中考规则讲解
考试用球	从排球正前方分别展示男女考试用球,用静帧直接进行讲解即可	拍摄、PR 剪辑、指示性标注	中考规则讲解
正确考试流程示范	从场地正前方分别展示男女生进入测试区域,原地将球抛起,第一次垫球成功后计时开始(两次机会,取成绩较好一次),个人连续正面双手垫球,留意手型正确、击球部位准确、达到规定的高度。	拍摄、PR 剪辑、指示性标注	中考规则讲解
失误情况	从场地正前方展示球落地,定于落地点静帧进行讲解即可	拍摄、PR 剪辑、指示性标注	中考规则讲解
	从场地正前方展示垫球高度不足,不计个数,注意标注高度不与设备参照对比	拍摄、PR 剪辑、指示性标注	中考规则讲解
	从场地正前方展示手型不正确如:传球等方式触球等,定于触球静帧进行讲解即可	拍摄、PR 剪辑、指示性标注	中考规则讲解
	从场地正上方以及正前方展示球出界、人出测试区域、脚踩标志线等犯规行为,静帧讲解即可	拍摄、PR 剪辑、指示性标注	中考规则讲解
叠指法	特写两手手指上下重叠,掌根紧靠,合掌互握,两拇指朝前相对平行靠压在上面一手的中指第二指节上,用静帧直接进行讲解即可	拍摄、PR 剪辑、指示性标注	教学重点
包拳法	特写两手抱拳互握,两拇指平行朝前,两掌根和两前臂外旋紧靠,手腕下压,使前臂形成一个垫击平面,用静帧直接进行讲解即可	拍摄、PR 剪辑、指示性标注	教学重点
双脚开立	两脚左右开立宽与肩,前后脚站立,后脚脚后跟稍离地,重心在前脚上,双腿微屈。用静帧直接进行讲解即可,留意腿部姿势细节	拍摄、PR 剪辑、指示性标注	教学重点
双臂伸直夹紧	双手叠掌互握,掌跟靠拢,双臂夹紧伸直,两臂外翻形成一个平面,用静帧直接进行讲解即可,留意双臂细节	拍摄、PR 剪辑、指示性标注	教学难点
提肩压腕	双肩微耸,当球落到腹前时手腕下压,用静帧直接进行讲解即可,留意肩部动作趋势以及腕部下压动作细节	拍摄、PR 剪辑、指示性标注	教学难点
击球部位	用腕关节 10 厘米处准确垫击球的后中下部,用静帧直接进行标注击球部位同时讲解	拍摄、PR 剪辑、指示性标注	教学重点
击球时机	当球落到腹前时,用静帧直接标注击球的点位	拍摄、PR 剪辑、指示性标注	教学难点
步伐移动	根据来球方向,快速调整步伐,动作连贯,协调用力。用慢放进行讲解即可,留意腿部动作运动趋势以及来球方向	拍摄、PR 剪辑、指示性标注	教学难点

（二）学习者需求与教学目标分析

皮亚杰将认知发展划为 4 个阶段：感知运动阶段、前运算阶段、具体运算阶段和形式运算阶段，面对中考排球项目的初中生，大多处于 12—15 岁，正在形式运算阶段，可以用语言和文字来想象和思考解决问题，思维水平接近成年人，所以本微课采用讲授法、示范教学法两种教学方法、直观演示法等形式，采用示范-模仿教学策略、情景-陶冶教学策略进行教学。

初中生的身体素质和心理素质没有得到充分的发展，大部分学生没有接触过排球运动。大多数学生都是排球初学者，对排球的了解很少，而体育中考总分占到 40 分，且规定排球项目作为初中生体育中考选测项目之一，这就需要将排球作为选测项目的应试学生能够掌握一定的排球运动技术和技巧。掌握排球项目，它不仅发展学生身体素质，而且在帮助中学生在中考取得好成绩方面也起到了重要作用。

布卢姆的教育目标分类理论，确定了 3 个方面的教育目标。

认知领域教育目标：通过观看微课可以对技术动作有大概认知，领会排球运动的意义以及中考排球测试的情况，可以按照一定标准分析评价错误动作以及指出纠错要点。

情感领域教育目标：学生主动认知排球是对身体有益的运动，且愿意参与实际训练。对女排精神有深刻的理解。

动作技能领域教育目标：开始垫球后计时 1 分钟以内，正面双手连续垫球次数达到 38 次及以上，无犯规动作，且手型和击球部位正确，男生垫球的高度达到 2.35 米以上，女生 2.15 米以上才计为有效。

（三）教学策略与媒体呈现方式的选择

在本研究中，根据优秀教学计划的内容，为正面双手垫球项目选择合适的教学策略和素材呈现方法。

本微课的导学部分采用情境-陶冶教学策略，在展示女排精神的混剪画面时，让学生能保持激昂的情绪，专注地投入学习情境，同时达到陶冶人格的效果。

教学部分主要采用示范模仿教学策略。首先是动作导向，介绍动作技能并演示具体动作；然后进行参与式实践。微课的参与式练习不能单独指导一对一，而是提供可能的错误行为和纠错方法，帮助学生强化正确的行为观念。

在媒体呈现方式方面，首先片头的部分先设计 5—8 秒简约线条感的动画标题片头，搭配轻快的音乐，跳跃色彩的线条在动态中组合成排球衔接微课题目的出现；然后进行排球简介，以 MG 动画的形式进行介绍，参考秒懂百科，背景音乐柔和清澈，画面过渡到思政课部分，女排比赛片段以及夺冠画面混剪，配上节奏感染力强的背景音乐，激发青少年对排球的热爱，让中学生理解什么是真正的女排精神。

然后介绍中考排球项目规则，其中，讲解中考规则主要包括介绍场地、成绩达标的要求、考试流程、犯规情况和考试攻略，将中考体测的标准以备注静帧方式标注展示，以下均以轻快明亮的背景音乐配合画面讲解呈现。

接下来就是正式的正面双手垫球技术动作教学，均以实地拍摄素材作为画面展示，通过对素材的加工，比如慢动作、静帧、画面标注、反复播放等形式使知识点在通过微课表达时更符合学生认知发展规律。针对错误动作与纠错部分的画面采用单屏相继出现的形式，错误动作标注动画以及错误音效等标识；然后给出纠错动作画面（最优动作次数为 3 遍），标注正确标识，配合训练画面提出发展学生能力的训练方法。

每个部分的标题风格统一，均为简洁线条感的动画形式。

（四）素材规划

按照文案内容确定体育微课的各教学模块所需素材，并且按照素材类型分类制作素材表，包括字幕素材、图片素材、特效素材、声音素材等。素材表的制作有助于后期素材的收集整理以及后期编辑的顺利进行。体育微课的不同教学模块所需要的素材类型不同，根据适合的呈现方式选择适当的素材能够保证教学内容的最优化呈现。

制作不同素材所需的设备和软件是不同的。字幕素材使用网易见外工作台以及 iMovie 批量制作；视频素材通过手机、无人机拍摄以及网络搜集；动画素材在网络上寻找素材或者自制作后利用 Photoshop、Animate、Flash、万彩动画大师进行加工；图片素材直接拍摄或者搜集网上素材用 Adobe Illustrator、Photoshop 进行加工；特效素材、声音素材使用小蜜蜂采集，然后使用 Adobe Audition 等软件进行调试；后期剪辑处理主要使用 Adobe Premiere 等软件。

因此，体育微课的开发与制作需要开发者灵活运用多种软件进行最优化加工处理，并且要有构图以及审美能力，内容同一线教师的实际教学相结合，能够帮助教师实现现代化教学。

1. 文本素材的规划

根据文案内容提取需要解说的素材能够辅助音频素材的制作，采用 Word 进行制作拍摄类素材分镜头脚本、解说词台本等。

字幕素材的制作可以采用网易见外工作台生成字幕 srt 文件。这有效提高了体育微课制作的效率，且展示过程中要保证字体适中，颜色清晰，所以字幕背景采用黑色遮罩，文字采用白色。

2. 音频素材的规划

体育微课中的音频素材包括解说音频、背景音乐、特效音效等，是微课播放过程中配合画面的听力内容，特效音效吸引学生对画面的注意，同时解说音频与画面同时呈现能够对学习者进行多重感官刺激，对体育微课的信息加工进行双重编码能更好地辅助认知与记忆。

本体育微课的开发需要录制的音频素材为解说音频，录制设备选择录制设备选择索尼 D11 ST 线领夹麦克风（小蜜蜂），麦克风收集来自不同方向的声音。根据确定的解说词找专业人员进行配音，保证设备参数固定，环境安静，语速适中，方便后期剪辑。

本体育微课的开发需要网络搜集的音频素材为轻快明亮的背景音乐，特效音效主要配合错误动作与纠错的演示，选择清晰音效。

3. 动画素材的规划

本次体育微课的动画素材主要是片头的导学部分，运用 MG 动画的形式，这种形式展示的动画内容非常的精致简单，在体育微课的制作中使用的频率越来越高。

体育微课的动画素材在制作过程中需要多个软件配合完成，利用不同软件的不同优势处理动画素材，以提升微课动画部分的质量。在动画素材的前期，首先使用 Adobe

Photoshop 及 Adobe Illustrator 对于图形进行平面设计。最后用 Adobe Premiere Pro 后期编辑，输出完整的动画素材。

部分动画制作使用万彩动画大师，操作简便，勾选需要的元素进行排版，设计出现、消失的动态效果，使得画面更加生动有趣。

4．视频素材的规划

针对视频素材所选用的主要方式为拍摄，用到的拍摄设备为手机、无人机等；还有一部分视频素材需要利用网络资源进行搜集。

本体育微课的开发需要搜集的视频素材包括片头、思政部分与片尾素材，主要为网络素材，需要拍摄的视频素材包括：中考规则的讲解、技术动作示范、易犯错误与纠错方法、发展学生运动技能练习的示范。拍摄设备主要采用稳定器、三脚架配合苹果手机进行拍摄，采用 4K 视频，60fps 进行拍摄中考规则的讲解、错误动作与纠错、发展学生运动技能练习的示范；采用慢动作视频，1080p、240fps 拍摄技术动作，其慢动作可以清晰地展现技术动作的状态，配合体育微课的讲解，有利于学习者的直观学习。正式拍摄前做好脚本规划，设计各个画面的构图。在拍摄前需要统一各个拍摄设备参数，如有素材缺失或需要补充的情况，方便还原上一次拍摄的条件和情况，保证后期剪辑制作时采用分次拍摄素材的一致性。

5．图片素材的规划

图片素材是微课开发过程中所需的重要素材类型。介绍中考考试规则以及讲解技术动作过程中，需要图片材料的指示性注释来解释考试场地、排球大小和技术动作，可以直接拍摄获取。使用 Adobe Illustrator 和 Adobe Photoshop 进行动画制作。

制作动画图片素材使用两款软件。相得益彰、各有补充。首先 Adobe Photoshop 主要处理位图，擅长修图片、调色、合成等工作，而 Adobe Illustrator 主要处理矢量图，无限放大也可以确保图形始终清晰锐利，而不会模糊。两种软件在实际操作过程中互相协作，联动使用，提高素材质量及制作效率。

6．素材表的整理

结合上述各类素材的规划，确定各素材类型，根据体育微课内容制作成素材表，根据清晰分类的素材表，能够帮助开发者高效完整地收集整理素材，为后续剪辑做好准备工作。

本微课的素材规划如表 3-5-3 所示。

表 3-5-3 素材表

素材类型	具体内容	素材来源	制作设备及软件
视频素材	片头	网络下载与加工制作	Adobe Premiere Pro Adobe After Effects
	动画导学	网络下载与加工制作	Adobe Premiere Pro Adobe After Effects

续表

素材类型	具体内容	素材来源	制作设备及软件
视频素材	思政导学	网络下载与加工制作	Adobe Premiere Pro
	中考排球测试规则讲解	独立拍摄与网络下载	iphone13 ProMax Adobe Premiere Pro Adobe After Effects
	完整动作示范	独立拍摄	iphone13 ProMax
	错误动作纠正	独立拍摄	iphone13 ProMax
	发展排球垫球能力	独立拍摄	iphone13 ProMax
	小结	网络下载与加工制作	Adobe Premiere Pro Adobe After Effects
	总体示范	独立拍摄	iphone13 ProMax
	片尾	网络下载与加工制作	Adobe Premiere Pro Adobe After Effects
音频素材	讲解配音	录制制作	录音设备：小蜜蜂 Adobe Audition
	背景音乐	网络下载	Adobe Premiere Pro
	特殊音效	网络下载	Adobe Premiere Pro
文本素材	字幕	独立制作	网易见外工作台
图片素材	中考排球双手垫球评判标准	《市教委关于印发天津市初中学业水平考试 体育与健康科目实施方案的通知》	Adobe Animate Adobe Illustrator
	场地设置等各项参考	拍摄截屏与加工制作	iphone13ProMax Adobe Photoshop
	各脚本中"参考图示意"	拍摄截屏与加工制作	iphone13ProMax Adobe Photoshop
	动画素材及场景设计	独立设计与加工制作	Adobe Illustrator Adobe Photoshop
	静帧	拍摄截屏	Adobe Premiere Pro Adobe Photoshop
	指示性标注	网络下载与加工制作	Adobe Photoshop Adobe After Effects Adobe Premiere Pro
动画素材	排球项目的导学部分	网络下载与加工制作	Adobe Animate Adobe Illustrator
	片头	网络下载与加工制作	Adobe Premiere Pro Adobe After Effects

素材类型	具体内容	素材来源	制作设备及软件
动画素材	片尾	网络下载与加工制作	Adobe Premiere Pro iMovie
	错误动作示范的标注	网络下载与加工制作	Adobe Premiere Pro Adobe After Effects

7. 微课的规划脚本生成

本微课整体的规划设计是根据《体育中考排球项目规划脚本》而定，从片头到结尾的整体设计，主要由解说词内容、媒体呈现方式（画面内容摘要和画面目标）、参考图示意及备注组成。

整体规划之前，首先要确定解说词台本，解说词台本就是事先拟好配合微课画面同时出现的文字叙述内容，根据知识与动作的多媒体表达原则，更为有效地呈现知识，吸引学习者注意力。首先解说词台本能够确定下来微课的教学内容层次，其次是供配音演员在录制音频时使用，最后是依据台本确定画面内容顺序。

制作微课的解说词台本，所使用的语言不能过于专业晦涩难懂，而是要有一定的趣味性，以吸引学习者的注意。同时，专业知识一定要严谨，注释和图片内容相辅相成，以最精练的句子完整地呈现知识。

本研究中解说词台本主要结构包括排球正面双手垫球项目引入、中考排球的流程以及攻略、具体项目技术动作讲解、错误动作及纠错和发展性训练。选定排球历史背景和中国女排这一巧妙的教学切入点，同时实现知识和思政导学的效果，然后学习者顺理成章地对排球这一运动项目产生情感的共鸣。利用动画和视频素材，表现排球项目的起源发展与排球精神，继而介绍中考排球项目的要求以及教授动作，请专业体育教师修改文稿以确保内容准确。

微课开发前期设计过程中一个重要部分是前期的脚本设计。微课的脚本是摄影师进行拍摄的基础，是演员在拍摄过程中所需动作的总结，是导演对画面构图以及画面内容作出预期设计，也是后期编辑和制作的重要依据。微课脚本设计能够提高拍摄的效率，在前期对脚本考虑越全面、越详细，越能规避在拍摄过程中所遇到的问题，保证微课拍摄过程有序进行。

微课程开发预设计过程的一个重要部分是预脚本设计。微课的脚本是摄影师拍摄的基础，是演员在拍摄过程中所需动作的总结，是导演对画面构图和画面内容的预期设计，也是后期编辑和制作的重要依据。微课类脚本设计可以提高拍摄效率。前期对剧本的考虑越全面、越详细，越能避免拍摄过程中遇到的问题，保证微课拍摄过程有序进行。脚本的质量在一定程度上也决定了微课的质量。

设计《体育中考排球项目规划脚本》，即将各部分内容与解说词匹配，包括每个部分的图片、音乐、字幕等，阐述了该片段需要实现的教学目标，附参考图以便更直观地展示和解释。片头先以动画形式介绍排球的发展历程，思政部分为女排项目赛事资料混剪，以振奋人心、慷慨激昂的背景音乐配合画面，这种设计方法能激发学生的爱国意识，深刻体验女排团队精神的内涵，对促进学生的学习和认知有积极作用。为了使画面更加符合中考的应试要求，通过常速视频素材多机位演示考场规格、考试流程、考试攻略以及正式技术动作讲解。先通过静帧和动态指示性标注等对考场进行介绍，使学生对于考试的场地有基本认知，然后常速视频素材多机位整体演示考生从候场到入场考试结束后的流程，包括考试犯规动作以及满分垫球的过程的演示，让学生了解到考试规则以便更好地掌握技术。继而用常速多机位的形式呈现正面双手垫球完整动作。再通过各种特写镜头呈现手型、手臂动作、腿部动作等，以便更详细地呈现前双手垫球的细节动作。接着将常速视频素材放慢，位于技术关键动作处截取静帧进行标注讲解，提交专业教师修改后再进行下一步的脚本设计。本微课的项目规划脚本示例如表 3-5-4 所示。

表 3-5-4 规划脚本范例

解说词内容	表现说明（画面呈现内容概要+使用该画面目标）	参考图示意	备注（视频素材：机位/景别/摄法；背景音乐：内容/效果）
排球是球类运动项目之一 球场为长方形 中间隔有高网 比赛双方，每方六人 各占球场的一方，球员用手，击球过网 排球运动源于 1895 年 美国一位叫摩根的体育工作人员发明的运动 当时，网球、篮球比较盛行 摩根先生认为网球运动量太小 而篮球运动又太激烈 他想寻求一种运动量适中，又富有趣味性，男女老少都适宜的室内娱乐型项目 于是把当时已经广为流传的网球搬到了室内 在篮球场上用手来打 后来逐渐演变成了现在的排球	片头画面：画面淡入的同时背景音乐渐起，淡入本微课的标题：初中学业水平考试《体育与健康——排球》体育微课	 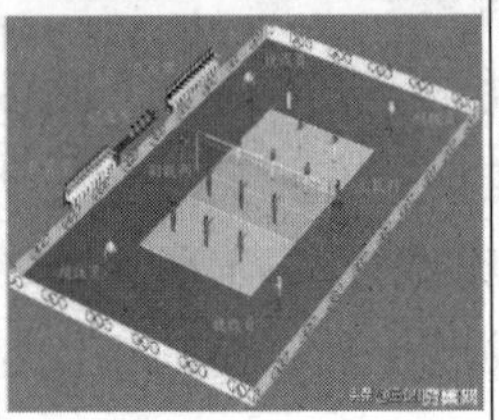	背景音乐：片头选择轻快的音乐，出场音效类似"咻"

解说词内容	表现说明（画面呈现内容概要+使用该画面目标）	参考图示意	备注（视频素材：机位/景别/摄法；背景音乐：内容/效果）
让我们一起感受中国女排创造的奇迹体会什么是真正的女排精神	使用全屏或分屏，使用排球赛事视频资料混剪，并配以动感音乐，通过欢快、动感的画面与音乐节奏诱发学生观看、学习兴趣，为即将进行的教学打下良好的心理基础		视频素材：比赛视频通过网络搜集再进行混剪，赛事混剪选择热血激情超燃背景音乐

在完成微课各类脚本设计之后，微课的制作在整个流程中属于承上启下的关键一步，以前期脚本为依据，为后续剪辑做基础，并且制作的内容质量的好坏决定了一节微课的优劣。本微课通过实地拍摄以及网络搜集优秀素材等方式，筛选出符合初中生理解水平的内容，并对其进行加工包装，提高学生的注意力，从而让学习者对于微课所教授的内容全貌与细节有更加深刻的理解。

二、制　作

（一）视频素材的拍摄

微课中的素材重量多在视频，因此微课的制作首先可以从视频拍摄开始。本微课以《体育中考排球视频拍摄素材分镜脚本》为蓝本，选取 11 个机位进行拍摄，主要使用正前机位，因为排球垫球项目需要更为细节的拍摄，还需使用正侧机位、前侧机位、右前机位，正前俯拍机位等机位进行动作细节的拍摄，设置了固定镜头，摇镜头以及无人机进行航拍等拍摄方法。

视频素材拍摄的分镜脚本示例如表 3-5-5 所示。拍摄的流程在前面章节有所说明，这里不再赘述。

表 3-5-5 拍摄分镜脚本示例

机位号	微课内容	画面内容	镜头变化					参考图示	备注
			机位	帧频	景别	角度	拍摄方法		
1-1	场地介绍	场地、标志杆位置关系	右前	常速(60fps)	小全	平视	定位定焦定景别		
1-2			正前		小全	平视			
1-3			右前45°		全景	俯拍	无人机		
2	考试用球介绍	考试用球	正前	静帧	特写	微俯	定位定焦定景别		
3-1	考试流程全程演示	演员镜头左侧入画开始垫球、一分钟后结束	正前	常速(60fps)	小全	平视	定位横摇		横摇镜头保证稳、匀
3-2			右前				定位定焦定景别		
3-3			正侧						

（二）音频素材制作

本微课中所使用的音频素材分为解说配音、背景音乐、特殊音效 3 类。这 3 种声音素材均是以配合微课画面内容为主旨，使得画面与音效相得益彰，以达到更好的教学效果。

解说配音是对解说词文字进行播音。它是对解说词的一次加工。配音与流畅的画面、和谐的音乐，将使微课表达的内容更为丰富。根据项目整体规划脚本和画面需求敲定解说词的内容后，进行选择配音演员，最好是受过专业播音主持培训的人员，演员的声音需要符合一些条件，比如音调沉稳，语速恰当，吐字清晰，效果可参考于"秒懂百科"男声。在配音演员正式配音前，先进行预录音，将音频和画面进行匹配剪辑，在剪辑过程中调整解说词的内容，使其更为贴合画面，替换生硬难懂、晦涩拗口的词句，让学生更容易接受。预配音可以发现配音过程中可能会出现的问题，提前和配音演员进行沟通，控制解说音频的时长。确定解说词后，按照上述要求在学校寻找合适的配音演员，分别让演员录制试音片段，反复对比语速语调等特征，最终敲定最适合本微课的演员。随后联系配音演员，并将解说词交与演员，将配音注意事项交代清楚，约定配音的时间地点，保证环境安静，噪声等干扰降到最低。音频录制好以后使用 Adobe Audition 软件处理和修复音频。最终配音文件被导出。

背景音乐在微课上也可以称为伴奏和配乐。需要将不同的材料与不同的背景音乐相匹配，比如为动画材料选择轻松、充满活力的背景音乐，为思政部分挑选了振奋人心的音乐，为拍摄类视频素材挑选了多个活泼轻快的背景音乐。注意不同素材之间衔接的背景音乐需要渐弱渐强，在无解说词的部分，背景音乐稍大一些；有解说词的部分，解说配音最好比背景音乐高 5dB，这样可以保证配音足够清晰，不会被背景音乐湮没。

特殊音效更多是一种补充，让视频更富有趣味性。微课中的特殊音效主要出现在动画以及错误动作纠错两个部分，本研究中使用到的音效包括球落地声、弹簧声、击球声、转场唰声、警告声、叮叮声，等等。其中"球落地"音效只要为了配合画面中排球跳动，增进场面之真实感；"弹簧"音效为了配合画面拦网、球员等出现，使画面更为自然；"击球"音效是搭配球从画面中被球员来回击打的画面；"唰"声音效主要为配合转场；警告声是配合犯规动作和错误动作，叮叮声则是配合纠错画面，示意学习者重点学习正确动作。

本微课开发中使用的部分声音素材如图 3-5-1 所示。

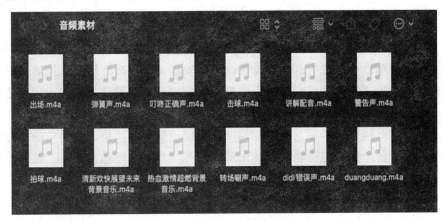

图 3-5-1　部分声音素材

（三）文本素材制作

文本素材所对应的字幕由 PS 工具软件生成。前面章节也有所说明，在此不再赘述。

（四）图片素材制作

图片素材贯穿整个微课的设计制作，为后期剪辑做好铺垫。

微课的图片素材可分为动画图片素材和拍摄图片素材。其中拍摄图片素材的来源相较于动画图片素材较为方便，需要根据拍摄脚本在拍摄现场直接进行拍照或者从视频中截图作为静帧即可，比如考场的规格以及考试用球的大小等素材。主要是依据项目整体规划脚本在网络上广泛寻找风格以及分辨率达到要求的素材，选定并设计画面构图，在 Adobe Illustrator 中进行整体设计。对于动画和图形的风格确定为 MG 动画，MG 动画通过叙事性的运用图像来为内容服务，能和微课这种教学形式很好的融合。

文件中的部分图片素材如图 3-5-2 所示。

（五）动画素材制作

动画类视频素材脚本即微课动画的分镜头脚本，奠定了整个微课的基调，浓缩了排球简介，衔接后续思政部分，根据解说词设计的画面，风格符合初中生认知。

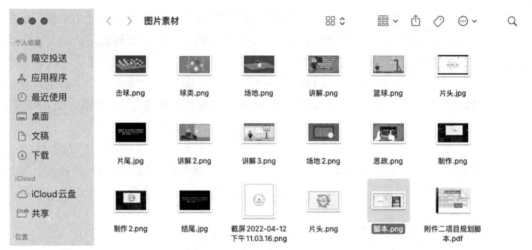

图 3-5-2 部分图片素材

进行动画类素材脚本设计时，从排球项目的发展历程出发，从排球的发展演变着手，介绍从篮球同网球结合形成了现在的排球，逐步发展至今，随后展示女排赛事混剪，因为现在获取信息的主要来源已经不再是电视机，所以在女排思政导学这一部分选用更为贴近初中生生活的电脑形状动画来对混剪画面进行遮罩。

完成动画的分镜头脚本后，开始制作，首先统一好视觉风格、主题角色，逐步细化每个场景内容，各个元素的运动方向、出场方式等，并且匹配适合音乐。使用的软件为Photoshop 及 Adobe Illustrator 两款。

以动画脚本中前 3 句为例，"排球是球类运动项目之一，球场为长方形，中间隔有高网"，设计场景元素包括绿色场地纵向有白色标志线，足球、篮球、排球等各种球类的动画风格素材，排球位于中心，其他球类分布周围，均从素材中心逐步变大，然后除了排球的其他球类从素材中心逐步变小消失，绿色场地纵线变成绿色的菱形形状配以红色背景，以此演示立体画面感的场地，球网从画面中心快速变大，演示解说词，这样画面同解说词进行匹配，配以轻快的音乐，课程更具有趣味性。

部分动画素材脚本如表 3-5-6 所示。

本微课动画素材主要包括排球简介，衔接后续思政部分，具体制作流程：先使用Adobe Illustrator 和 Adobe Photoshop 将整体的画面构图设计，把完成的内容导出，使用Premiere 完成最终的合成。

选取模板制作片头素材，展示的微课标题包括题目、作者、指导教师，片头模板色调为黄色和蓝色，同排球色调一致，整体上风格活泼、轻盈。然后介绍我国女排赛事，从网站平台上搜集获取视频资料，最终确定使用中国女排五大史诗级逆转的比赛场景。片尾呈现本微课参与人员名单。

以片头为例，设计制作的动画风格要与微课主题相匹配。片头动画素材选择富有活力颜色的、动感风格的模板，笔者选择白色背景，以蓝色和黄色为画面主色，以排球效果出现，呈现微课标题、制作者及指导教师的信息。本微课片头制作如图 3-5-3 所示。

表 3-5-6　动画类素材脚本示例

动画素材脚本					
解说词	制作软件	内容示意图	素材运动方向	音频	时长（s）
（片头标题）	Adobe Illustrator+Adobe Animate+Adobe Premiere Pro		内向外	咻咻声	5
排球是球类运动项目之一	Adobe Illustrator+Adobe Animate+Adobe Premiere Pro		球运动	配音+轻松音乐+弹球声	5
球场为长方形，中间隔有高网	Adobe Illustrator+Adobe Animate+Adobe Premiere Pro		画面展示	嘟声音	2
比赛双方，每方六人各占球场的一方，球员用手击球过网。	Adobe Illustrator+Adobe Animate+Adobe Premiere Pro		画面展示	配音+轻松音乐	3

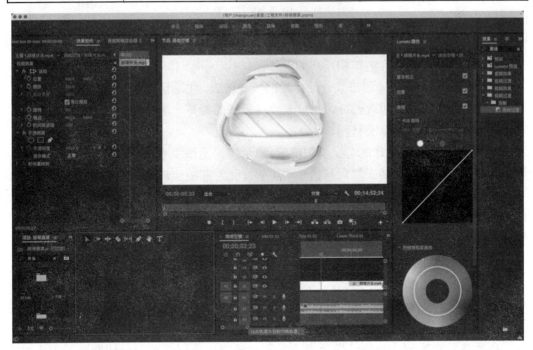

图 3-5-3　片头素材制作

（六）后期剪辑

在本研究中，已经完成了微课程开发的基本材料。接下来，需要进入微课程的后期剪辑。根据后期脚本，规划特效、数量、图文、过渡、拼接意图、音乐和每个镜头的音效等。由于实际拍摄脚本与预期拍摄脚本之间的差异，可能会有变化，导致获得的材料和原本的设计不同，这就要求后期脚本将材料具体化，更便于编辑，从而提高编辑效率。

部分后期脚本如表 3-5-7 所示。

图 3-5-7　部分后期脚本示例

内容名称	素材类型	制作软件	素材镜头号	内容示意	解说	画面文字	转场类型或转场设计	配音	背景音乐设计	长度(s)
片头	动画素材+文字	Adobe Illustrator Adobe Premiere	无		无	初中学业水平考试《体育与健康-排球》	画面淡出、黑场过渡	无	特殊单次：咻咻声	7
排球简介	动画素材	万彩动画大师 Adobe Premiere	无		排球是球类运动项目之一,球场为长方形,中间隔有高网,比赛双方,每方六人各占球场的一方,球员用手击球过网。	配合动画添加部分关键字	动画部分需特效、黑场过渡	男声配音,语速适中偏快	欢快富有活力的音乐!	6
思政导学	动画素材+视频混剪	万彩动画大师 Adobe Premiere	无		中国女排在里约奥运会极其艰难的情形下创造了一个个奇迹,赢得了一场场荡气回肠、慷慨壮烈的史诗般胜利,最终赢得金牌,再次在奥运赛场奏起中华人民共和国国歌,高高升起五星红旗。	配合动画添加部分关键字	动画部分需特效、黑场过渡	男声配音,语速适中偏快,语气热血昂扬	热血音乐,在获得奖项时需添加鼓掌声、喝彩声	45

微课"总—分—总"的结构模式如下:

（1）项目引入。首先动画形式介绍排球的历史演进,生动活泼的形式更有利于吸引学习者注意力,然后引入思政部分,也就是女排视频的混剪,激发学习者的爱国情绪,有利于引出后续教学任务以及目标。

（2）总体呈现中考排球的考试流程演示,演示错误动作和考试攻略等让学习者对于要学习的项目有初步的认知。然后开始正式讲解,先常速播放垫球的内容。

（3）分别呈现动作,然后进行慢速播放的过程中,添加静帧以及指示性标注进行细致内容的说明,能够细致地展示动作要领。主要技术效果包括重复动作播放、慢速播放、回放、静止帧+指示性注释辅助等。

（4）采用小结的形式。常速播放完整动作示范,巩固学习者对动作要领的印象。

以学习者注意球点固定为例,选择截图作为静帧画面,加深学习者的印象,配合指示性标注可以帮助学习者对动作的加深印象,本次微课指示性标注选择以黄色为主色的标注框,指示性标注画面制作如图 3-5-4 所示。

以手势教学为例,在静帧图片上选择黑色透明底色配以白色虚线圆形做指示性标注,以学习者清楚认知击球点为宜,效果如图 3-5-5 所示。

微课剪辑就是根据设计好的项目整体规划脚本,进一步完善效果。本微课剪辑流程如下:

粗剪:本微课的粗剪是在剪辑过程中,将镜头和段落大致排序。先整体搭建好骨架,为后续充盈内容做铺垫。主要使用软件为 Adobe Premiere Pro CC 2018。

图 3-5-4 分解动作配以文字说明效果

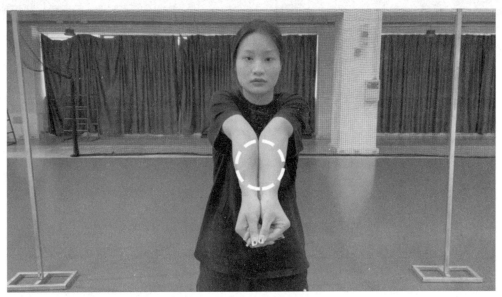

图 3-5-5 指示性标注讲解画面

精剪：完成粗剪后，确定段落与段落之间剪切点，确定声音效果，把控每个镜头的长度，对镜头的过渡、声音、转场、图片、文字、标注、动画等一系列进行处理提高视频质量。

包装：微课进行进一步的加工片头片尾，特效制作等。部分已设计完成，剩余具体包装设计有：添加视频效果，使用 Premiere 及万彩动画大师，例如，技术动作标注等效果；添加特效合成，使用万彩动画大师和 After Effects，例如，制作各级标题；使用 PhotoShop 制作添加字幕、转场；最后，将所有素材导出放入 Premiere 整体剪辑，导出成品。

本微课开发后期制作如图 3-5-6 所示。

图 3-5-6　后期制作工程示意图

第四部分　体育微课教学实践实证研究

在针对体育微课开发的研究过程中，我们在思考一个问题，即微课的学习究竟对学习者的学习绩效有怎样的影响。应该如何使用这种资源让学习者、教师更好地应用。因此，在本课题研究中，针对体育微课的教学实践进行了两项实证研究。一是以已观看次数为变量来发现学习者在不同观看次数下的一些特征。二是创建微信公众号，探讨微信公众号平台对体育数字化学习的时效性。

第一章　体育微课观看次数对学习者学习结果的影响研究

体育微课短小而精悍，以某一动作技能知识点为中心主线，时长为5~8分钟。此项实证研究以本课题所开发的体育微课成果《跨栏跑》为案例，以天津市静海区大丰堆中学初三年级的3个自然班为研究对象。通过眼动+近红外的实验研究，结合主观问卷与成绩测试，综合评价学习者在该微课学习的0、1、2次后所得到的学习结果的特征。

在有限的注意力资源下，学习者面对不同次数体育微课画面资源的呈现时，注意分配不同。研究提出，通过重复执行任务，能够加快数据处理速率，进而提升流畅性。这种方法能够促使使用者产生更多的注意力资源，在接受新的刺激之前，学习者需要先产生对学习内容的动机，并在头脑中产生相应的现象，这是人脑认识思考和定向的过程。学习者在初次接受体育微课中的画面刺激时，在大脑中形成零散的记忆，进行学习注意的"自动加工"。微课中知识内容的再次播放，学习者的神经逐步地呈现出分化的状态，兴奋和抑制在空间和时间上变得更加准确，同时还会扩大学习者的注意范围，此时是学习注意的"序列加工"，能够简单地把微课各个环节结合起来，形成连贯的记忆。通过微课中知识内容的重复播放，大脑对重复刺激的反应形成稳定的联结，学习者神经过程的兴奋和抑制会更集中与精确，注意范围达到最大，进行"精细加工"，学习者经过不断的强化进一步掌握体育微课中的知识。

一、观看次数对学习注意的影响关系模型构建

本研究提出的微课观看次数对学习注意的影响关系模型，该模型以横向和纵向两个特征对学习者观看微课次数时的动态表现予以解释。随着学习过程的深入，学习注意加工过程由初次观看体育微课引发的"选择性学习注意"发展为由再次观看引发的"持续性学习注意"，随后发展为由多次观看引发的"分配性学习注意"。学习者对学习注意的层次逐步提高，并在关系模式中形成了一个横向的发展特征；初次观看体育微课知识内容形态促使学习者对知识内容进行自动加工，从而引发选择性学习注意。再次观看促使学习者对知识关系形态进行序列加工从而引发持续性学习注意。多次观看促使学习者对知识目标形态进行精细加工从而引发分配性学习注意。在整个学习过程中，学习者可以从不同阶段获得多种学习注意力，进而形成了关系模型的纵向发展特征。关系模型解释了体育微课观看次数对学习注意的动态影响，明确了以学习注意加工过程为起点，学习注意的不同阶段对应学习注意的不同类型。如图4-1-1所示。

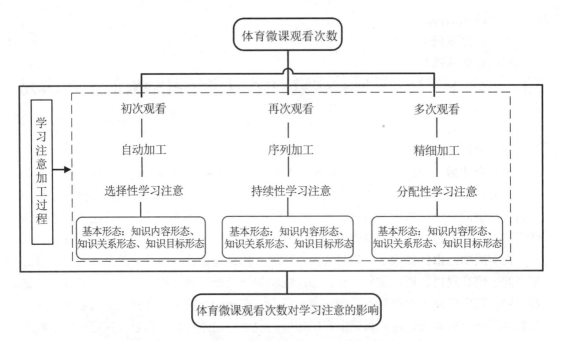

图 4-1-1　体育微课观看次数对学习注意的影响关系模型

二、实验设计

（一）实验意义与目的

研究学习注意即研究学习者的心理活动对与知识信息有关的各种刺激的指向与集中，可以有效反映学习者学习效果。而运用眼动技术和近红外技术可以有效捕捉学习者观看体育微课的学习注意情况，更好地了解个体的内在认知过程，并从生理学角度探究信息加工的心理机制。眼动设备可以帮助我们更准确地观察个体的注意力水平，而近红外技术则可以更精确地测量体育运动时大脑的负荷，从而更好地监测学习注意。

本实验运用眼动和近红外设备探究体育微课观看次数对学习者学习注意的影响。通过综合分析实验和问卷数据，得到学习者观看体育微课时的注意情况。探究体育微课观看次数对学习注意的影响，对提高学习者动作技能掌握程度的影响。

（二）实验材料

本实验采用该课题研究成果体育微课《跨栏跑》。本微课时长为 8 分 29 秒。微课的内容在第三部分第三章已有描述。这里不再赘述。

（三）实验测量工具

1.《知识与运动基础问卷》

针对跨栏跑相关知识和学习者运动基础制作《知识与运动基础问卷》，跨栏跑相关题目根据体育微课中设计的知识点进行提取，题型为选择题，共 8 题，每题 1 分。类型包括识记型题目、理解型题目等，其中，识记型题目占比 75%、理解型题目占比 25%。学习者运动基础调查主要了解被试学习者的基本情况，题型为选择题，共 8 题，每题 1 分，类型包括学习者微课学习调查、跨栏跑基础调查，其中，微课学习问题调查占比 37.5%，跨栏跑训练基础问题调查占比 62.5%。

为保证测试问卷的科学性，各组问卷的题型、题量、分值保持相同。得到被试学习者跨栏跑知识基础与运动基础情况，为后续实验数据的分析提供一定的参考。

2.《学生基本情况访谈大纲》

访谈的目的是收集客观资料与被谈话者进行面对面的谈话，从而获得客观和无偏见的资料。本实验中，针对实验制作学习者基本情况访谈大纲进一步了解被试学习者的信息，包括被试学习者的出生年月、视力近视程度、运动基础能力等，为后续分析实验结果提供一定依据。

3.《技能学习结果测试成绩表》

学习结果测试即由专业人员从学习者学习内容完成情况、掌握情况进行统一打分，从而测定学习者对学习内容的理解程度。

本实验中，由任课教师对学习者跨栏跑动作的标准程度进行评分，满分为 100 分。主要对起跨、攻栏、过栏、下栏动作内容进行评分，根据动作正确程度、连贯程度、娴熟程度、完成程度 4 个维度进行评分，从而得到学习者对跨栏跑技能的学习情况。表 4-1-2 为教学实验过程。

图 4-1-2 任课教师对学习者跨栏跑进行评分

4.《知识学习结果测试问卷》

测试问卷主要考察学习者对知识的识别和记忆能力，针对特定知识点制作测试问卷，考查学习者对知识的掌握是否清晰稳定。

本实验中，按照布鲁姆"教育目标分类法"，充分考虑学习者的认知和识记层次，针对跨栏跑相关的常识性知识和技能型知识制作学习者跨栏跑知识测试问卷，问卷题目根据体育微课中设计的知识点进行提取，题型为选择题，共 8 题，每题 1 分。类型包括识记型题目、理解型题目等，其中，识记型题目占比 75%、理解型题目占比 25%。

为保证测试问卷的科学性，各组测试问卷的题型、题量、分值保持相同。得到被试学习者对跨栏跑知识的掌握水平，为后续实验数据的分析提供一定的参考。

（四）实验仪器

本研究中的实验仪器由眼动设备、近红外设备、工作站、台式电脑以及相关辅助设备所形成的系统完成。

眼动设备为德国 ERGONEERS 公司最新推出的 DG3（Dikablis Glass 3）眼镜式眼动仪，不仅继承了 Dikablis 的高精度，而且还具备更多的特殊功用，即可满足全球心理人士的多种需要，为其提供更加便捷的服务。这款眼镜拥有轻巧、舒服的特性，能够与眼镜相容，并且能够调节眼部摄像机头和情景摄像机头，情景摄像机头能够调节到各种的高度，以适合各种的目标物；眼部摄像机头能够调节到任一方位，让各种脸部特质的被试都能得到合理的跟踪方位和视角，满足各种的试验要求和被试的需要；使用简便，能够在各种地点完成。其配套软件是 D-LAB EYETRACKING，是一款强力的眼动数据记录和分析软件，它能够迅速、便捷地识别和录入兴趣区域的眼动数据分析，具备校准功能和离线瞳孔检测功能，能够自动处理和分析检测数据。如图 4-1-3 所示。

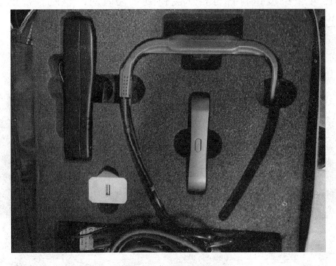

图 4-1-3　眼动设备

实验前引导被试佩戴眼动设备，询问被试是否近视及近视情况，告知被试定标方法对其进行校准，实验过程中监测眼动设备中视线是否落在学习材料范围内，如果出现视线落在屏幕外的情况则及时记录下来。

近红外设备 OctaMon 是一种基于近红外光谱原理的便携式仪器，用于测量近红外光下氧合血红蛋白和脱氧血红蛋白的浓度变化。它是一款独特的 8 通道便携式 NIRS 设备，非常适合捕获大脑活动。该装置中有 8 个发射器(Tx)，每个发射器传输两个波长(±760nm 和±850nm)。每个 LED 也称为光电器件。如果将 OctaMon 放置在皮肤上，则光通过皮肤传输，散射回去，并由接收器（Rx）接收。接收器是一个具有环境光保护功能的高灵敏度 PIN 二极管。光源一个接一个地发射，因此，系统可以区分光源。仪器使用的近红外光平均功率是不会损害身体的。以往研究中主要探究氧合血红蛋白（O_2Hb）浓度，与其他检测的指标相比，氧合血红蛋白（O_2Hb）反应更为灵敏且信噪比高。因此本研究主要研究氧合血红蛋白（O_2Hb）浓度的变化情况。如图 4-1-4 所示。

图 4-1-4　近红外设备

本研究运用近红外设备全程监控被试在学习实验资料时的注意力水平，并收集有关数据。为了保证实验结果的准确度，在实验过程中要保证近红外设备的电极与受试者的皮肤有一个良好的接触，同时还要注意头带的松紧度。实验过程中监测近红外设备中图像曲线的变化情况，如图像变化出现中断的情况应及时记录，实验后检测中断原因并及时将异常数据剔除。

工作站使用华硕 LAPTOP-PUK9P8RO 工作站，它搭载了 11th Gen Intel（R）Core（TM）i5-1135G7 处理器，内存容量为 16.0GB，显示屏为 14 英寸画面宽高比例为 4∶3，清晰度为 1920×1080 像素，以便更好地呈现实验学习材料。如图 4-1-5 所示。

图 4-1-5　实验中所使用的工作站

另外，本实验通过惠普台式电脑组装 OctaMon 近红外设备和 DG3（Dikablis Glass

3）眼镜式眼动仪，同时大量的存储空间为后续实验操作提供记录。将台式电脑与近红外和眼动设备用数据线连接，形成联合系统监控、记录被试观看材料时的数据（如图4-1-6所示）。

图 4-1-6 台式电脑

（五）实验被试与分组

本实验选取天津市静海区某中学初三年级 3 个自然班中 61 名学生作为被试，参与实验的学生体质状况良好，无跨栏跑基础，学习兴趣一致。视力或者矫正视力均为正常，无色盲色弱，听力正常，均为自愿参加。如图4-1-7所示。

图 4-1-7 被试佩戴仪器做实验

在控制实验地点、实验时间、实验周边环境、教学时长、教学地点、教师、教学方法一致的条件下，所有被试随机分派到 3 组：实验组 A、实验组 B 和对照组 C，保证各组被试性别、年龄、人数无差异性。其中实验组 A 观看一次体育微课，实验组 B 观看 2 次体育微课，对照组 C 不观看体育微课。在实验前对所有被试进行实验前测获取被试基本信息，主要包括体育微课了解程度、熟悉程度，跨栏跑了解程度、训练程度，为后续实验结果提供一定依据。

根据分组不同观看体育微课，观看体育微课的实验组 A 和实验组 B 同步进行眼动实验和近红外实验，通过眼动实验获取眼动指标，主要为注视持续时间、总注视时间、眼跳次数，通过近红外实验获取学习者观看微课时的氧合血红蛋白（O_2Hb）浓度变化，通过数据分析得到不同观看次数对学习注意的影响。

随后统一由同一教师、同一时间、同一地点进行教学实验，教学实验完成后对所有学习者进行测试。通过对比 A、B、C 三组学习者技能型学习结果测试和知识型学习结果测试成绩结果，探究学习者掌握体育动作技能情况。

经基本情况问卷调查、体育能力测试水平结果分析（相应数据建数据分析部分）。在 3 个自然班中，选取 61 名水平相当的学习者作为被试，并分为三组。实验分组如表 4-1-1 所示。

表 4-1-1　实验分组情况

组别	人数	观看次数	观看时长（分钟）
实验组 A	20	1	8
实验组 B	20	2	15
对照组 C	21	0	0

（六）实验变量与实验假设

1．实验变量

（1）自变量

在本实验中，自变量为观看次数，因考虑教学时长和微课时长等多方面因素，具体为观看 1 次、观看 2 次和 0 次（不观看微课）。通过控制播放不同次数体育微课，不同被试组学习者观看不同次数的体育微课。

（2）因变量

本实验的因变量为学习成绩，由于通过眼动、近红外实验获得的眼动行为指标与脑氧合血红蛋白浓度。此两类指标都与学习注意相关，学习注意与学习成绩正相关已被多个实验证明。因此。本实验用上述实验指标来表达学习者的注意特征。并以学习特征映射学习成绩。同时，通过学习结果测试，以及学习者主观问卷获得学习者学习结果及学习体验数据。综合分析后得出最后结论。数据分析软件采用 SPSS26.0。

①眼动指标

眼动指标是通过眼动实验获取的相关数据，它可以间接反映被试者在观看体育微课时的学习注意生物表征，包括注视持续时间、总注视时间、眼跳次数。通过分析这些眼动指标，可以了解被试在观看体育微课时的学习注意情况。

● 注视持续时间（fixation duration）

注视持续时间是指对注视点的平均注视停留时间，衡量学习者对学习材料的认知投入和加工程度的重要指标，它反映了学习者在观看学习材料时的专注程度，越长的注视时间意味着学习者投入的认知资源越多，加工的深度也越大。

本研究中注视持续时间越长，说明学习者对体育微课中画面内容提取信息投入越多，认知负荷越大。

● 总注视时间(total glance times）

一次注视称为一个注视点，总注视时间是指学习者所有注视点的和，它可以客观地反映学习者对学习材料的注意力集中程度，认知连贯性和信息加工程度。

本研究中总注视时间越长，学习者对体育微课内容的注意越集中，对学习内容的加工越连贯。

● 眼跳次数(saccade count）

眼跳次数是指注视点之间的转换次数，可以有效反映学习者学习材料时的注意情况。学习者在不同学习材料之间的注意转换，从而帮助他们更好地理解和掌握知识。通过这种方式，学习者可以更有效地分配注意力，并形成更加整合性的理解。

本研究中眼跳次数越多，学习者对体育微课内容的信息辨识度越高，对微课内容的注意力越集中，对体育微课内容越感兴趣。

②近红外指标

近红外指标由近红外实验得到相关数据，可以直接反映出被试者在观看体育微课时学习注意的生物表征，有效反映大脑功能活跃强度。

在近红外实验中，研究发现氧合血红蛋白的信噪比相对于脱氧血红蛋白更高。氧合血红蛋白浓度的变化可以有效反映前额叶脑功能活跃强度、对学习内容的感兴趣程度。因此，氧合血红蛋白浓度越高被认为学习者大脑对学习材料的学习注意越充分。

本研究采用氧合血红蛋白浓度这一指标，氧合血红蛋白浓度越高，学习者大脑越活跃，说明对体育微课内容越感兴趣。

③技能型学习结果测试成绩

技能型学习结果测试成绩由《技能学习结果测试成绩表》得到，是体育教师对学习者跨栏跑起跨、攻栏、过栏、下栏动作的标准程度进行评分，根据动作正确程度、连贯程度、娴熟程度、完成程度 4 个维度进行评分，满分 100 分，从而得到学习者的对跨栏跑技能的学习情况。

技能型学习结果测试成绩可以有效反映被试者跨栏跑技能的学习情况，为后续实验数据的分析提供一定的参考。

④知识型学习结果测试成绩

知识型学习结果测试成绩根据《知识学习结果测试问卷》与《跨栏跑知识与运动基础调查问卷》中跨栏跑相关知识内容的考察得到，根据体育微课中设计的知识点进行提取，题型为选择题，共 8 题，每题 1 分。类型包括识记型题目、理解型题目等，其中，识记型题目占比 75%、理解型题目占比 25%。主要考察学习者对陈述性知识的掌握情况。通过对问卷的发放、回收、整理、计算，得到学习者对跨栏跑相关的知识学习是否足够稳定清晰。

（3）关系变量

为进一步深入探究体育微课观看次数对不同学习者学习注意的影响，从《知识与运动基础问卷》中选取能够体现学习者个体差异的问题作为关系变量进行深入分析，具体关系变量为性别、体育视频了解程度、是否看过体育视频、跨栏跑了解程度、是否训练过跨栏跑。本实验的变量图见表 4-1-2 所示。

表 4-1-2　实验变量表

实验变量	测量变量	测量指标
自变量	微课观看次数	1 次
		2 次
		0 次
因变量	学习注意	注视持续时间（fixation duration）
		总注视时间(total glance times）
		眼跳次数(saccade count）
		氧合血红蛋白浓度（O_2Hb）
		技能型学习结果测试成绩
		知识型学习结果测试成绩
关系变量	性别、体育视频了解程度、是否看过体育视频、跨栏跑了解程度、是否训练过跨栏跑	

2．实验假设

（1）观看跨栏跑微课比不观看跨栏跑微课学习的成绩要好；

（2）观看 2 次微课的学习注意更加集中，学习成绩更好；

（七）实验流程

（1）由主试人员进行引导根据《学生基本情况访谈大纲》对被试者进行访谈，随后，被试者填写《知识与运动基础调查问卷》，问卷结果由实验室人员进行统一收集整理。

（2）保证实验环境的安静，排除周围环境如其他人员的嘈杂打闹声，不可控声音诸如上下课铃声、工地声等外界干扰，选择合适的时间进行实验以保证被试不受外界声音的干扰而保持情绪稳定。

（3）将被试者随机分成三组：A 组、B 组、C 组，每组男女性别比例保持一致且被试水平相当。

（4）主试人员引导被试者坐在工作站电脑前，调整工作站电脑与被试者间的距离，保证被试观看体育微课时舒适程度，保证视频周围环境干净整洁，无其他物品干扰分散被试注意。

（5）在正式实验开始前，告知被试者实验要求和注意事项，为被试佩戴眼动设备和近红外设备，为确保近红外设备的电极与被试皮肤接触良好，需要确认被试的头带是否调整得适当。

（6）台式电脑将 OctaMon 近红外设备和 DG3 眼动仪设备分别打开，为被试做好编号，将 OctaMon 近红外设备和 DG3 眼动仪设备同时接入台式电脑进行数据同步，主试人员及时记录被试信息与编号确保数据的一致性。

（7）主试人员对眼动仪进行校准，眼动校准过程告知被试者校准要点：眼睛盯住标定位置保持不动，待主试人员说下一标定点时再移动。同时保持头部稳定，不要随意晃动。随后主试人员进行校准，待标定位置标定校准成功后即整个眼动仪校准完成。

（8）在学习实验开始前，引导被试放松心情，确保被试处于平静的情绪状态。确认被试状态稳定后，开始进行学习实验材料的观看。根据不同分组观看不同次数体育微课。

（9）实验过程中监测眼动仪中视线是否落在学习材料范围内，如出现视线落在屏幕外的情况及时记录，同时监测近红外设备中图像曲线的变化情况，如图像变化出现中断的情况应及时记录。

（10）实验后及时将异常数据剔除，保证数据的有效性，以便后期数据分析。

（11）由专业体育教师依据课程标准对 A 组、B 组、C 组所有学习者进行跨栏跑动作教学，待全部课程教学结束，任课教师对学习者跨栏跑动作的标准程度进行评分，得到《技能学习结果测试成绩》，结果由实验人员进行统一收集整理。

（12）所有学习者填写《知识学习结果测试问卷》，测试结果由实验人员进行统一收集整理。

三、数据分析

（一）分组中的数据分析

1. 基本情况统计

对参加实验的 61 名初三学生发放调查问卷，得到有效问卷 61 份。其中，女生 28 人，占比 45.90%，男生 33 人，占比 54.10%。调查数据表 4-1-3 显示实验被试中男生较多。

表 4-1-3　学生性别比例分析

性别	小计	占比（%）
男	33	54.10
女	28	45.90

截至实验前的学生年龄信息，所有学生均为 2006—2007 年出生，其中如表 4-1-4 显示 15 周岁被试者 16 名，占比 26.23%，14 周岁学生 45 名，占比 73.77%。

表 4-1-4　学生年龄比例分析

年龄	小计	占比（%）
14 周岁	45	73.77
15 周岁	16	26.23

被试者中近视程度如表 4-1-5 显示，其中不近视学生 15 名，占比 24.59%，近视学生 46 名，占比 75.41%。其中，深度近视（600—800 度）4 名，占总人数的 6.56%。

表 4-1-5　学生近视程度比例分析

近视情况	小计	占比（%）
不近视	15	24.59
近视	46	75.41

2．体育能力测试水平

通过对学生体育能力测试水平进行分析，对被试者的身体素质及基础运动能力有一定了解，速度、跳跃能力、灵敏性、柔韧性是跨栏跑学习的基本身体素质要求。吐尔洪·黑力力在研究跨栏跑教学与学生短跑能力的影响中提到，对于学习者而言，最主要的是练习跑步、跳跃、跨步等协调能力，并有勇气去克服困难。在严格控制教学实验条件的情况下，在学习时，学习者可以把短跑技能与跨栏的技能结合在一起，把水平跑的速度和跨栏的技术紧密地结合在一起，这有利于学习者更好地掌握跨栏，提高水平。彼里马科夫提到在速度和跳跃测验成绩之间都有类似的相互联系，跨栏跑后半程速度与立定多级跳成绩有密切的联系。无论运动员的技术水平高低，跳都能有效地提高其速度和耐力。张莹莹在探究跨栏跑与身体素质的关系中提到，柔韧素质的好坏将会与跨栏成绩有一定关系。如果身体不够柔韧，就会导致腿部触碰到栏杆，或是不能精确地完成栏杆上的动作，会本能地选择"跳"过去影响到跨栏跑的学习。由此可知，学生体育能力测试水平中 50 米、立定跳远、坐位体前屈能力水平与跨栏跑的学习有着密切的关系。同时，赵浩祯等人在教学实验结束后，对实验组和对照组的每个学生进行身体素质达标测试。测试结果发现少儿软式跨栏跑项目在学生体质健康测试中对 50 米跑、立定跳远和坐位体前屈 3 个项目有促进作用。

研究表明，体育能力测试水平中 50 米跑、立定跳远、坐位体前屈不仅与跨栏跑有密切的关系，同时跨栏跑的学习对体育能力测试水平也有一定的促进作用。本实验中，主要针对被试者体育能力测试水平中的 50 米跑、立定跳远、坐位体前屈成绩进行分析，为后续学生学习跨栏跑相关知识的实验结果提供一定依据。

（1）50 米跑

统计所有被试者 50 米跑成绩，得到表 4-1-6 所示结果，参加实验的 61 名学生中，男生最快用时 7.40 秒，平均用时 8.9540 秒；女生最快用时 7.40 秒，平均用时 9.3355 秒。

表 4-1-6　学生 50 米跑比例分析

性别	M±SD	N
男	8.9540±1.03137	33
女	9.3355±0.83528	28

按照《国家学生体质健康标准》，50 米短跑的分数线是按照时间秒来计算的。男生方面，满分成绩为小于等于 7.3 秒，优秀的成绩为时间 7.4—7.5 秒，良好的成绩为 7.6—7.7 秒，及格成绩为 7.8—10.10 秒，大于 10.10 秒为不及格。女生方面，满分成绩为小于等于 7.9 秒，优秀的成绩为 8.0—8.1 秒，良好的成绩为 8.2—8.7 秒，及格成绩为 8.8—11.10 秒，大于 11.10 秒为不及格。通过表 4-1-7 得知，共 2 名学生 50 米跑成绩为满分，占总人数 3.28%；共 2 名学生 50 米跑的成绩为优秀，占总人数 3.28%；共 6 名学生 50 米跑成绩为良好，占比 9.84%；44 名学生成绩为及格，占总人数 72.13%；7 名学生 50 米跑成绩为不及格，占总人数 11.48%。由此得知，参与实验学生速度水平基本及格，

具有学习跨栏跑知识的能力与基础。

表 4-1-7　50 米跑成绩分析

成绩	人数	比例（%）
满分	2	3.28
优秀	2	3.28
良好	6	9.84
及格	44	72.13
不及格	7	11.48

（2）立定跳远

统计所有被试者立定跳远成绩，得到如表 4-1-8 所示结果，参加本实验的 61 名学生中，男生最远跳远距离 255cm，平均距离 201.31cm；女生最远跳远距离 200cm，平均距离 156.29cm。

表 4-1-8　立定跳远比例分析

性别	M±SD	N
男	201.31±25.784	33
女	156.29±15.423	28

根据《国家学生体质健康标准》的规定，初中三年级中考体育考试立定跳远成绩评分标准是以距离（厘米）来划分成绩等级。男生方面，满分的成绩为距离大于等于 250 厘米及以上，优秀的成绩为 240—249 厘米，良好的成绩为 225—239 厘米，及格成绩为 185—224 厘米，小于 185 厘米为不及格。女生方面，满分的成绩为距离大于等于 202 厘米，优秀的成绩为 190—201 厘米，良好的成绩为 176—189 厘米，及格成绩为 146—175 厘米，小于 146 厘米为不及格。通过表 4-1-9 得知，1 名学生立定跳远成绩为满分，占总人数的 1.64%；7 名学生成绩为优秀，占总人数 11.48%；2 名学生成绩为良好，占总人数 3.28%；34 名学生成绩为及格，占总人数的 55.74%，17 名学生成绩为不及格，占总人数的 27.87%。由此得知，学生跳远基础能力较薄弱，学习跨栏跑可以有效提高学生跳跃能力。

表 4-1-9　立定跳远成绩分析

成绩	人数	比例（%）
满分	1	1.64
优秀	7	11.48
良好	2	3.28
及格	34	55.74
不及格	17	27.87

（3）坐位体前屈

统计所有被试者立定跳远成绩，得到如表 4-1-10 所示结果，参加本实验的 61 名学生中，男生最远坐位体前屈 18 厘米，平均距离 13.97 厘米；女生最远坐位体前屈 18 厘米，平均距离 14.71 厘米。

表 4-1-10　坐位体前屈比例分析

性别	M±SD	N
男	13.97±2.320	33
女	14.71±2.661	28

根据《国家学生体质健康标准》的规定，初中三年级中考体育考试坐位体前屈成绩评分标准是以距离（厘米）来划分成绩等级。男生方面，满分的成绩为距离大于等于 21.6 厘米及以上，优秀的成绩为 17.8—21.5 厘米，良好的成绩为 13.8—17.7 厘米，及格成绩为 -0.2—13.7 厘米，小于 -0.2 厘米为不及格。女生方面，满分的成绩为距离大于等于 23.5 厘米，优秀的成绩为 20.1—23.4 厘米，良好的成绩为 16.7—20 厘米，及格成绩为 3.7—16.6 厘米，小于 3.7 厘米为不及格。通过表 4-1-11 得知，0 名学生坐位体前屈成绩为满分，3 名学生成绩为优秀，占总人数 4.92%；27 名学生成绩为良好，占总人数 50.82%；31 名学生成绩为及格，占总人数 44.26%；0 名学生成绩为不及格。由此得知，学生坐位体前屈成绩普遍较好，具有一定的柔韧性。

表 4-1-11　坐位体前屈成绩分析

成绩	人数	比例（%）
满分	0	0
优秀	3	4.92
良好	27	44.26
及格	31	50.82
不及格	0	0

（4）综合分析

对被试者性别进行独立样本 T 检验，得到表 4-1-12 所示结果，50 米跑男、女生成绩差异不显著（$F=1.393$，$P=0.243>0.05$），立定跳远男、女生成绩差异不显著（$F=0.005$，$P=0.945>0.05$），坐位体前屈男、女生成绩差异不显著（$F=1.838$，$P=0.181>0.05$）。

表 4-1-12　体测成绩分析

项目	df	F	P
50 米跑	59	1.393	0.243
立定跳远	59	0.005	0.945
坐位体前屈	59	1.838	0.181

上述数据结果表明，被试者体育能力测试水平性别差异不显著，学生运动基础水平无明显差异，为后续进行跨栏跑学习提供一定依据。

（二）实验数据分析

本研究中首先对 61 份被试者数据进行筛选，剔除异常值后得到有效数据 58 份，其中，眼动数据有效样本为 37 份，近红外数据有效样本为 14 份。为深入探究体育微课观看次数对学习注意的影响，本研究主要通过相关性分析、描述性分析、单因素方差分析、主效应、交互效应分析等数据分析方法对 A 组、B 组、C 组相关指标数据进行分析。

1. 所有变量相关性分析

首先，通过对性别、观看次数、注视持续时间、总注视时间、眼跳次数、O_2Hb、技能型学习结果测试成绩、知识型学习结果测试成绩、对体育技能讲解视频的了解程度、是否看过体育技能讲解的视频、对跨栏跑的了解程度、是否进行过跨栏跑训练几个方面进行相关性分析，探究各个变量之间的关系。

由表 4-1-13 相关系数分析结果显示：观看次数和注视持续时间呈负相关且相关性显著（$r=-0.336$，$p<0.05$），和眼跳次数呈负相关且关系显著（$r=-0.532$，$p<0.01$），和 O_2Hb 呈负相关且关系显著（$r=-0.576$，$p<0.05$），和技能型学习结果测试成绩呈正相关且关系显著（$r=0.307$，$p<0.05$），和知识型学习结果测试成绩呈正相关且关系显著（$r=0.267$，$p<0.05$）。性别和技能型学习结果测试成绩呈负相关且关系显著（$r=-0.448$，$p<0.01$），和知识型学习结果测试成绩分数呈负相关且关系显著（$r=-0.264$，$p<0.05$）。总注视时间和眼跳次数呈正相关且关系显著（$r=0.648$，$p<0.01$）。眼跳次数和 O_2Hb 呈正相关且关系显著（$r=0.534$，$p<0.05$）。技能型学习结果测试成绩和对体育技能讲解视频了解程度呈正相关且关系显著（$r=0.267$，$p<0.05$）。

数据分析的结果表明：观看次数和注视持续时间、眼跳次数、O_2Hb 呈负相关相关且关系显著，说明观看体育微课的两个组 A、B 组观看次数越少对注视持续时间、眼跳次数、O_2Hb 影响越密切。观看次数与技能型学习结果测试成绩、知识型学习结果测试成绩呈正相关，说明在实验组和对照组的对比下观看次数越多，学习结果测试成绩越好，学习效果越好。性别和技能型学习结果测试成绩、知识型学习结果测试成绩呈负相关且关系显著，说明男生在进行跨栏跑学习时的学习效果好于女生学习效果。眼跳次数和总注视时间、O_2Hb 相关且关系显著，说明眼跳次数和总注视时间、O_2Hb 相关且关系密切。技能型学习结果测试成绩和对体育技能讲解视频了解程度呈正相关且关系显著，说明越了解跨栏跑相关知识，在学习跨栏跑时学习效果越好。

2. 眼动实验指标分析

眼动实验指标主要从注视持续时间、总注视时间、眼跳次数 3 个指标进行分析，探究不同微课观看次数对学习注意的影响。

（1）注视持续时间

首先对注视持续时间做描述性统计，得到不同观看次数的注视持续时间均值、标准差、样本量情况。如表 4-1-14 结果所示，A 组的注视持续时间为 421.76406，B2 组为 421.31732。

表 4-1-13 相关性分析

变量	均值	标准差	1	2	3	4	5	6	7	8	9	10	11	12
1 观看次数	0.95	0.839	1											
2 性别	1.46	0.502	0.138	1										
3 注视持续时间	421.535	0.674	-.336*	0.138	1									
4 总注视时间	417.535	14.154	-0.229	-0.093	-0.139	1								
5 眼跳次数	228.829	25.606	-.532**	-0.172	-0.054	0.648**	1							
6 O_2Hb	-1.493	1.055	-.576*	-0.019	0.152	0.245	0.534*	1						
7 技能型学习结果测试成绩	88.00	2.606	0.307*	-.448**	-0.249	0.115	0.123	-0.023	1					
8 知识型学习结果测试成绩	1.46	0.567	0.267*	-.264*	-0.166	0.059	0.206	-0.417	0.210	1				
9 对体育技能讲解视频的了解程度	1.17	0.620	0.083	-0.143	-0.106	-0.096	-0.216	-0.418	0.267*	0.217	1			
10 是否看过体育技能讲解的视频	0.58	0.498	-0.011	0.099	-0.229	0.100	0.101	0.151	0.040	-0.034	0.236	1		
11 对跨栏跑的了解程度	0.88	0.326	-0.085	-0.084	-0.025	0.034	-0.002	.c	0.142	0.112	0.016	-0.102	1	
12 是否进行过跨栏跑训练	0.41	0.495	-0.074	-0.137	-0.081	-0.044	0.162	0.313	-0.053	0.124	-0.004	-0.058	-0.016	1

** 在 0.01 级别（双尾），相关性显著。* 在 0.05 级别（双尾），相关性显著。c 由于至少有一个变量为常量，因此无法进行计算。

表 4-1-14　注视持续时间描述性分析

变量	M±SD	N
A 组	421.76406±0.490497	18
B 组	421.31732±0.761128	19

　　A 组的注视持续时间长于 B 组注视持续时间，A 组观看体育微课时眼动指标更高，说明 A 组观看体育微课时注意更集中，如图 4-1-8 所示。

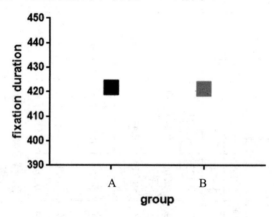

图 4-1-8　注视持续时间箱线图

　　再对注视持续时间做方差分析，判断观看次数对注视持续时间影响是否显著，表 4-1-15 结果可以看出，不同观看次数的注视持续时间差异显著（$F=4.447$，$P=0.042<0.05$），说明不同微课观看次数对注视持续时间影响不同。

表 4-1-15　注视持续时间方差分析

源	指标	SS	df	MS	F	P
观看次数	注视持续时间	1.845	1	1.845	4.447	0.042

　　针对观看次数、性别、对体育技能讲解视频的了解程度、是否看过体育技能讲解的视频、跨栏跑的了解程度、是否进行过跨栏跑训练做多因素方差分析，探究各个因素及因素之间对注视持续时间的影响，结果如表 4-1-16 所示。

表 4-1-16　注视持续时间主效应、交互效应检验

源	III 类平方和	df	MS	F	P	偏 Eta 平方
观看次数 * 对体育技能讲解视频的了解程度 * 是否看过体育技能讲解的视频 * 跨栏跑的了解程度 * 是否进行过跨栏跑训练 * 性别	6.685	18	0.371	0.663	0.788	0.520

续表

源	III 类平方和	df	MS	F	P	偏 Eta 平方
观看次数	2.329	1	2.329	4.156	0.066	0.274
性别	0.743	1	0.743	1.327	0.274	0.108
体育技能讲解视频了解程度	0.591	2	0.296	0.527	0.604	0.088
是否看过体育技能讲解视频	0.083	1	0.083	0.148	0.707	0.013
跨栏跑了解程度	0.000	1	0.000	0.000	0.988	0.000
是否进行过跨栏跑训练	0.354	1	0.354	0.633	0.443	0.054
误差	6.164	11	0.560			

由表 4-1-16 数据可以看出，各因素交互作用不显著（$F=0.663$，$P=0.788>0.05$，$\eta^2_p=0.520$），观看次数主效应不显著（$F=4.156$，$P=0.066>0.05$，$\eta^2_p=0.274$），性别主效应不显著（$F=1.327$，$P=0.274>0.05$，$\eta^2_p=0.108$），体育技能讲解视频了解程度主效应不显著（$F=0.527$，$P=0.604>0.05$，$\eta^2_p=0.088$），是否看过体育视频主效应不显著（$F=0.148$，$P=0.707>0.05$，$\eta^2_p=0.013$），跨栏跑了解程度主效应不显著（$F=0.000$，$P=0.988>0.05$，$\eta^2_p=0.000$），是否进行过跨栏跑训练主效应不显著（$F=0.633$，$P=0.433>0.05$，$\eta^2_p=0.054$）。

数据分析的结果表明：观看次数、性别、对体育技能讲解视频的了解程度、是否看过体育技能讲解的视频、跨栏跑的了解程度、是否进行过跨栏跑训练各因素及因素之间对注视持续时间的影响不显著。

（2）总注视时间

首先对总注视时间做描述性统计，得到不同观看次数的总注视时间均值、标准差、样本量情况。表 4-1-17 结果可以看出，A 组的总注视时间为 420.81944，B 组被试者总注视时间为 414.42379。

表 4-1-17　总注视时间描述性分析

变量	M±SD	N
A 组	420.81944±18.586787	18
B 组	414.42379±7.306869	19

由此得知，A 组被试者观看体育微课时总注视时间长于 B 组被试者总注视时间，具体见图 4-1-9。

再对总注视时间做方差分析判断观看次数对总注视时间影响是否显著，表 4-1-18 结果可知，不同观看次数的总注视时间差异不显著（$F=1.936$，$P=0.173>0.05$），说明不同微课观看次数对总注视时间影响不显著。

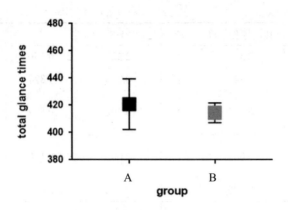

图 4-1-9　总注视时间箱线图

表 4-1-18　总注视时间方差分析

源	指标	SS	df	MS	F	P
观看次数	总注视时间	378.089	1	378.089	1.936	0.173

针对观看次数、性别、对体育技能讲解视频的了解程度、是否看过体育技能讲解的视频、跨栏跑的了解程度、是否进行过跨栏跑训练做多因素方差分析，探究各个因素及因素之间对总注视时间的影响，结果见表 4-1-19。

表 4-1-19　总注视时间主效应、交互效应检验

源	III 类平方和	df	MS	F	P	偏 Eta 平方
观看次数 * 对体育技能讲解视频的了解程度 * 是否看过体育技能讲解的视频 * 跨栏跑的了解程度 * 是否进行过跨栏跑训练 * 性别	2678.770	18	148.821	0.429	0.946	0.412
观看次数	92.315	1	92.315	0.266	0.616	0.024
性别	0.497	1	0.497	0.001	0.970	0.000
体育技能讲解视频了解程度	47.510	2	23.755	0.068	0.934	0.012
是否看过体育技能讲解视频	24.124	1	24.124	0.070	0.797	0.006
跨栏跑了解程度	0.086	1	0.086	0.000	0.988	0.000
是否进行过跨栏跑训练	2.219	1	2.219	0.006	0.938	0.001
误差	3816.508	11	346.955			

由表 4-1-19 数据可知，各因素交互作用不显著（$F=0.429$，$P=0.946>0.05$，$\eta^2_p=0.412$），观看次数主效应不显著（$F=0.068$，$P=0.616>0.05$，$\eta^2_p=0.024$），性别主效应不显著（$F=0.001$，$P=0.970>0.05$，$\eta^2_p=0.000$），体育技能讲解视频了解程度主效应不显著（$F=0.068$，$P=0.934>0.05$，$\eta^2_p=0.012$），是否看过体育视频主效应不显著（$F=0.070$，$P=0.797>0.05$，$\eta^2_p=0.006$），跨栏跑了解程度主效应不显著（$F=0.000$，$P=0.988>0.05$，$\eta^2_p=0.000$），是否进行过跨栏跑训练主效应不显著（$F=0.006$，$P=0.938>0.05$，$\eta^2_p=0.001$）。

数据分析的结果表明：观看次数、性别、对体育技能讲解视频的了解程度、是否看过体育技能讲解的视频、跨栏跑的了解程度、是否进行过跨栏跑训练各因素及因素之间对总注视时间的影响不显著。

（3）眼跳次数

首先对眼跳次数做描述性统计，表 4-1-20 所示为不同观看次数的眼跳次数均值、标准差、样本量情况。结果得到 A 组被试者的眼跳次数 242.640861，B 组被试者眼跳次数 215.744026。

表 4-1-20　眼跳次数描述性分析

变量	M±SD	N
A 组	242.640861±29.1948679	18
B 组	215.744026±11.6109489	19

由此得知，A 组被试者观看体育微课时眼跳次数多于 B 组被试者眼跳次数，说明 A 组观看体育微课时注意更集中，如图 4-1-10 所示。

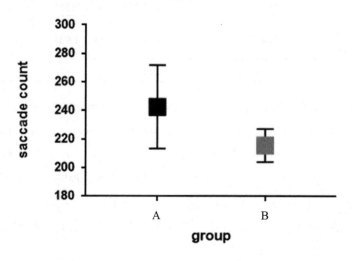

图 4-1-10　眼跳次数箱线图

再对眼跳次数做方差分析，判断观看次数对眼跳次数影响是否显著，表 4-1-21 结果表明不同观看次数的眼跳次数差异显著（$F=13.835$，$P=0.001<0.05$），说明不同微课观看次数对眼跳次数影响显著。

表 4-1-21　眼跳次数方差分析

源	指标	SS	df	MS	F	P
观看次数	眼跳次数	6686.929	1	6686.929	13.835	0.001

针对观看次数、性别、对体育技能讲解视频的了解程度、是否看过体育技能讲解的视频、跨栏跑的了解程度、是否进行过跨栏跑训练做多因素方差分析，探究各个因素及因素之间对眼跳次数的影响，结果见表 4-1-22。

表 4-1-22　眼跳次数主效应、交互效应检验

源	III 类平方和	df	MS	F	P	偏 Eta 平方
观看次数 * 对体育技能讲解视频的了解程度 * 是否看过体育技能讲解的视频 * 跨栏跑的了解程度 * 是否进行过跨栏跑训练 * 性别	7919.622	18	439.979	0.922	0.576	0.601
观看次数	5272.909	1	5272.909	11.048	0.007	0.501
性别	388.205	1	388.205	0.813	0.386	0.069
体育技能讲解视频了解程度	1628.657	2	814.329	1.706	0.226	0.237
是否看过体育技能讲解视频	553.431	1	553.431	1.160	0.305	0.095
跨栏跑了解程度	161.385	1	161.385	0.338	0.573	0.030
是否进行过跨栏跑训练	924.729	1	924.729	1.938	0.191	0.150
误差	5249.833	11	477.258			

由表 4-1-22 数据可知，各因素交互作用不显著（$F=0.922$，$P=0.576>0.05$，$\eta^2_p=0.601$），观看次数主效应显著（$F=11.048$，$P=0.007<0.05$，$\eta^2_p=0.501$），性别主效应不显著（$F=0.813$，$P=0.386>0.05$，$\eta^2_p=0.069$），体育技能讲解视频了解程度主效应不显著（$F=1.706$，$P=0.226>0.05$，$\eta^2_p=0.237$），是否看过体育视频主效应不显著（$F=1.160$，$P=0.305>0.05$，$\eta^2_p=0.095$），跨栏跑了解程度主效应不显著（$F=0.338$，$P=0.573>0.05$，$\eta^2_p=0.030$），是否进行过跨栏跑训练主效应不显著（$F=1.938$，$P=0.191>0.05$，$\eta^2_p=0.150$）。

数据分析的结果表明：观看次数对眼跳次数影响显著，性别、对体育技能讲解视频的了解程度、是否看过体育技能讲解的视频、跨栏跑的了解程度、是否进行过跨栏跑训练各因素及因素之间对眼跳次数的影响不显著。

3．近红外指标分析

近红外实验指标为氧合血红蛋白浓度，指标英文为 O_2Hb。氧合血红蛋白浓度越高，学习者大脑越活跃，说明对体育微课内容越感兴趣。

首先对氧合血红蛋白浓度做描述性统计，得到不同观看次数的氧合血红蛋白浓度均值、标准差、样本量情况。表 4-1-23 结果可以看出，A 组被试者氧合血红蛋白浓度为-0.817833，B 组被试者氧合血红蛋白浓度为-2.000237。

表 4-1-23　近红外指标描述性分析

变量	M±SD	N
A 组	-0.817833±0.8147643	6
B 组	-2.000237±0.9518241	8

由此得知，A 组学生氧合血红蛋白浓度高于 B 组被试者氧合血红蛋白浓度，说明 A 组学生在观看体育微课时注意更集中，如图 4-1-11 所示。

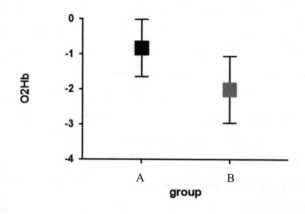

图 4-1-11　氧合血红蛋白浓度箱线图

再对 O_2Hb 做方差分析判断观看次数对 O_2Hb 影响是否显著，表 4-1-24 结果可以看出，不同观看次数的 O_2Hb 差异显著（$F=5.954$，$P=0.031<0.05$），说明不同微课观看次数对 O_2Hb 影响显著。见表 4-1-24。

表 4-1-24　近红外指标方差分析

源	指标	SS	df	MS	F	P
观看次数	O_2Hb	4.793	1	4.793	5.954	0.031

针对观看次数、性别、对体育技能讲解视频的了解程度、是否看过体育技能讲解的视频、跨栏跑的了解程度、是否进行过跨栏跑训练做多因素方差分析，探究各个因素及因素之间对 O_2Hb 的影响。结果见表 4-1-25。

表 4-1-25 O$_2$Hb 主效应、交互效应检验

源	III 类平方和	df	MS	F	P	偏 Eta 平方
观看次数 * 对体育技能讲解视频的了解程度 * 是否看过体育技能讲解的视频 * 跨栏跑的了解程度 * 是否进行过跨栏跑训练 * 性别	2.043	6	0.340	3.626	0.232	0.916
观看次数	4.867	1	4.867	51.835	0.019	0.963
性别	0.343	1	0.343	3.655	0.196	0.646
体育技能讲解视频了解程度	2.212	1	2.212	23.565	0.040	0.922
是否看过体育技能讲解视频	0.682	1	0.682	7.267	0.114	0.784
跨栏跑了解程度	0.000	0				0.000
是否进行过跨栏跑训练	5.757	1	5.757	61.321	0.016	0.968
误差	0.188	2	0.094			

由表 4-1-25 数据可以看出，各因素交互作用不显著（$F=3.626$，$P=0.232>0.05$，$\eta^2_p=0.916$），观看次数主效应显著（$F=51.835$，$P=0.019<0.05$，$\eta^2_p=0.963$），性别主效应不显著（$F=3.655$，$P=0.196>0.05$，$\eta^2_p=0.646$），体育技能讲解视频了解程度主效应显著（$F=23.565$，$P=0.040<0.05$，$\eta^2_p=0.922$），是否看过体育视频主效应不显著（$F=7.267$，$P=0.114>0.05$，$\eta^2_p=0.784$），是否进行过跨栏跑训练主效应显著（$F=61.321$，$P=0.016<0.05$，$\eta^2_p=0.968$）。

数据分析的结果表明：观看次数、体育技能讲解视频了解程度、是否进行过跨栏跑训练对 O$_2$Hb 的影响显著，性别、是否看过体育技能讲解的视频、跨栏跑的了解程度各因素及因素之间对 O$_2$Hb 的影响不显著。

4. 技能型学习结果测试成绩分析

首先对技能型学习结果测试成绩进行均值分析，主要包括均值、标准差、样本量。由表 4-1-26 数据可知，A 组被试者技能型学习结果测试成绩均值为 88.72，B 组被试者技能型学习结果测试成绩均值为 88.68，C 组技能型学习结果测试成绩均值为 86.82。

表 4-1-26 技能型学习结果测试成绩描述性分析

	变量	M±SD	N
技能型学习结果测试成绩	A 组	88.72±3.140	18
	B 组	88.68±2.583	19
	C 组	86.82±1.651	21

由此得知，A 组技能型学习结果测试成绩高于 B 组、C 组成绩均值，A 组对跨栏跑技能的掌握好于 B 组、C 组。观看一次微课学生掌握运动技能更牢固。具体见图 4-1-12。

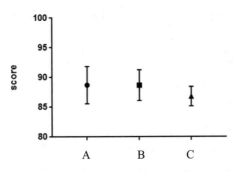

图 4-1-12　技能型学习结果成绩箱线图

再对技能型学习结果测试成绩进行方差分析，探究体育微课次数对其影响是否显著，由表 4-1-27 数据可知，技能型学习结果测试成绩差异显著（$F=3.978$，$P=0.024<0.05$），说明体育微课观看次数不同对学习结果的影响显著（见表 4-1-27）。

表 4-1-27　技能型学习结果测试成绩方差分析

源	指标	SS	df	MS	F	P
体育微课观看次数	技能型学习结果测试成绩	49.011	2	24.505	3.978	0.024

针对观看次数、性别、对体育技能讲解视频的了解程度、是否看过体育技能讲解的视频、跨栏跑的了解程度、是否进行过跨栏跑训练做多因素方差分析，探究各个因素及因素之间对技能型学习结果测试成绩的影响，结果见表 4-1-28。

表 4-1-28　技能型学习结果测试成绩主效应、交互效应检验

源	III 类平方和	df	MS	F	P	偏 Eta 平方
观看次数 * 对体育技能讲解视频的了解程度 * 是否看过体育技能讲解的视频 * 跨栏跑的了解程度 * 是否进行过跨栏跑训练 * 性别	141.984	31	4.580	0.972	0.540	0.613
性别	77.742	1	77.742	16.504	0.001	0.465
观看次数	38.001	2	19.000	4.034	0.035	0.298
体育技能讲解视频了解程度	10.547	2	5.273	1.119	0.347	0.105
是否看过体育技能讲解视频	0.044	1	0.044	0.009	0.924	0.000

源	III 类平方和	df	MS	F	P	偏 Eta 平方
跨栏跑了解程度	2.996	1	2.996	0.636	0.435	0.032
是否进行过跨栏跑训练	1.954	1	1.954	0.415	0.527	0.021
误差	89.500	19	4.711			

由表 4-1-28 数据可知，各因素交互作用不显著（$F=0.972$，$P=0.540>0.05$，$\eta^2_p=0.613$），观看次数主效应显著（$F=4.034$，$P=0.035<0.05$，，$\eta^2_p=0.298$），性别主效应显著（$F=16.504$，$P=0.001<0.05$，$\eta^2_p=0.465$），体育技能讲解视频了解程度主效应不显著（$F=1.119$，$P=0.347>0.05$，$\eta^2_p=0.105$），是否看过体育视频主效应不显著（$F=0.009$，$P=0.924>0.05$，$\eta^2_p=0.000$），跨栏跑了解程度主效应不显著（$F=0.636$，$P=0.435>0.05$，$\eta^2_p=0.032$），是否进行过跨栏跑训练主效应不显著（$F=0.415$，$P=0.527>0.05$，$\eta^2_p=0.021$）。

数据分析的结果表明：观看次数、性别对技能型学习结果测试成绩影响显著。体育技能讲解视频了解程度、是否看过体育技能讲解的视频、跨栏跑了解程度、是否进行过跨栏跑训练各因素及因素之间对学习结果测试成绩的影响不显著。

5. 知识型学习结果测试成绩分析

对知识型学习结果测试成绩进行均值分析，主要包括均值、标准差、样本量。由表 4-1-29 数据可知，A 组被试者知识型学习结果测试成绩均值为 1.61，B 组被试者知识型学习结果测试成绩均值为 1.58，C 组学生知识型学习结果测试成绩均值为 1.23。

表 4-1-29　知识型学习结果测试成绩描述性分析

	变量	M±SD	N
知识型学习结果测试成绩	A 组	1.61±0.502	18
	B 组	1.58±0.507	19
	C 组	1.23±0.612	21

由此得知，A 组知识型学习结果测试成绩高于 B 组、C 组成绩均值，A 组对跨栏跑相关常识和技能的陈述性知识的掌握好于 B 组和 C 组。观看一次微课学生掌握运动技能相关陈述性知识更牢固。如图 4-1-13 所示。

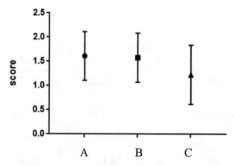

图 4-1-13　知识型学习结果测试成绩箱线图

再对知识型学习结果测试成绩进行方差分析，探究体育微课次数对其影响是否显著，由表 4-1-30 数据得到，知识型学习结果测试成绩差异不显著（$F=3.123$，$P=0.052$ >0.05），说明体育微课观看次数不同对知识型学习结果测试成绩的影响不显著（见表 4-1-30）。

表 4-1-30　知识型学习结果测试成绩方差分析

源	指标	SS	df	MS	F	P
体育微课观看次数	知识型学习结果测试成绩	1.871	2	0.936	3.123	0.052

针对观看次数、性别、对体育技能讲解视频的了解程度、是否看过体育技能讲解的视频、跨栏跑的了解程度、是否进行过跨栏跑训练做多因素方差分析，探究各个因素及因素之间对知识型学习结果测试成绩的影响（见表 4-1-31）。

表 4-1-31　知识型学习结果测试成绩主效应、交互效应检验

源	III 类平方和	df	MS	F	P	偏 Eta 平方
观看次数 * 对体育技能讲解视频的了解程度 * 是否看过体育技能讲解的视频 * 跨栏跑的了解程度 * 是否进行过跨栏跑训练 * 性别	5.671	31	0.183	0.409	0.987	0.400
性别	1.059	1	1.059	2.367	0.140	0.111
观看次数	1.676	2	0.838	1.874	0.181	0.165
体育技能讲解视频了解程度	0.461	2	0.231	0.515	0.605	0.051
是否看过体育技能讲解视频	0.068	1	0.068	0.152	0.701	0.008
跨栏跑了解程度	0.222	1	0.222	0.497	0.490	0.025
是否进行过跨栏跑训练	0.099	1	0.099	0.222	0.643	0.012
误差	8.500	19	0.447			

由表 4-1-31 数据可知，各因素交互作用不显著（$F=0.409$，$P=0.987>0.05$，$\eta^2_p=0.400$），观看次数主效应不显著（$F=1.874$，$P=0.181>0.05$，$\eta^2_p=0.165$），性别主效应显著（$F=2.367$，$P=0.140>0.05$，$\eta^2_p=0.111$），体育技能讲解视频了解程度主效应不显著（$F=0.515$，$P=0.605>0.05$，$\eta^2_p=0.051$），是否看过体育视频主效应不显著（$F=0.152$，$P=0.701>0.05$，$\eta^2_p=0.008$），跨栏跑了解程度主效应不显著（$F=0.497$，$P=0.490>0.05$，$\eta^2_p=0.025$），是否进行过跨栏跑训练主效应不显著（$F=0.222$，$P=0.643>0.05$，$\eta^2_p=$

0.012）。

数据分析的结果表明：观看次数、性别、跨栏跑了解程度、是否看过体育技能讲解的视频、体育视频了解程度、是否进行过跨栏跑训练各因素及因素之间对知识型学习结果测试成绩的影响不显著。

（三）数据分析结果

1. 对学习注意的影响

①针对注视持续时间对所有变量做主效应检验得到各变量主效应均不显著。对不同实验组进行方差分析得到观看一次被试者注视持续时间与观看两次被试者差异显著，说明不同观看次数对注视持续时间有不同影响。观看一次被试者注视持续时间均值高于观看两次均值，说明学习者在第一次观看微课时对画面资源信息投入多，认知负荷大，对于微课中画面资源的呈现更加专注，学习注意更加集中。

②针对总注视时间对所有变量做主效应检验得到各变量主效应均不显著。对不同实验组进行方差分析得到不同观看次数对总注视时间影响不显著，说明不同实验组被试者在观看体育微课时认知连贯性和信息加工程度大致相当。

③针对眼跳次数对所有变量做主效应检验得到观看次数的主效应显著，说明不同观看次数对眼跳次数影响显著。观看一次被试者眼跳次数与观看两次被试者差异显著，说明不同观看次数对眼跳次数有不同影响。观看一次被试者眼跳次数均值高于观看两次均值，说明学习者在第一次观看时对体育微课中内容得信息辨识度更高，观看微课时学习注意更为集中，对微课内容更感兴趣。

④针对氧合血红蛋白浓度对所有变量做主效应检验得到观看次数、体育技能讲解视频了解程度、是否进行过跨栏跑训练主效应显著，分析得到被试者了解体育技能讲解视频、有一定跨栏跑经验在观看相关体育微课时氧合血红蛋白浓度更高，大脑更兴奋，学习注意更加集中。观看一次组被试者氧合血红蛋白浓度与观看两次组被试者差异显著，且观看一次组均值高于观看两次组，说明学习者观看一次体育微课时大脑对画面资源中的内容认知加工更充分，对学习内容更感兴趣大脑也更活跃。

2. 对学习效果的影响

①针对技能型学习结果测试成绩做主效应检验结果得到观看次数、性别主效应显著，说明学习者观看不同次数的体育微课对其掌握跨栏跑技能有一定影响，通过观看体育微课了解跨栏跑相关知识，在后面学习技能知识时，学习者脑海中形成相应的知识联结，从而掌握相关技能。但是由于体育运动有一定的竞争性，不同性别被试者受到生理、后天学习等因素影响，在体育技能的学习中，特别是田径类运动项目的学习中有不同的影响。

不同观看次数组别学习者技能学习结果测试成绩差异显著，观看一次体育微课学生均值高于观看两次体育微课学生均值高于未观看体育微课学生均值，说明观看次数对学习者掌握跨栏跑动作技能有不同影响。实验组学习者由于观看体育微课对跨栏跑有初步的了解，在大脑中已经初步形成跨栏跑动作的联结，所以在进行跨栏跑动作的学习时更加熟练。

②针对知识型学习结果测试成绩做主效应检验结果得到主效应都不显著，对各组别

进行方差分析得到组间差异不显著，说明各组学习者对跨栏跑知识学习水平认知程度大致相当。

（四）结论

1．在体育微课的连续观看过程中，第一次观看时的学习注意程度最佳

学习者在观看一次体育微课时兴趣较高，对其有强烈的好奇心，较为关注微课中展示的内容，学习注意更为集中，初步构建该技能的定向印象。观看两次体育微课由于已经熟悉相关内容，较第一次观看兴趣没有之前强烈，所以学习注意没有第一次集中。有研究认为随着学习次数的增加，学习者对于任务的关注度会降低，认知加工程度也会随之降低。推测可能是由于被试者在第一次观看体育微课时已经初步熟悉微课内容，再次观看体育微课造成学习者学习兴趣降低，对微课内容的关注度和认知加工程度降低，从而无法集中学习注意。

2．观看体育微课可以有效帮助学生掌握动作技能

通过微课中图、文、声、像的呈现，学习者多种感官参与到微课内容的学习中，有效帮助学习者将知识内容进行认知加工，保证知识的连贯性与完整性，促进学习者对动作技能的意义建构。由于跨栏属于田径类项目，动作快、需要掌握的动作细节多。体育微课可以直观展现跨栏跑的动作分解和技巧，提高学习者学习效果。所以，观看体育微课可以有效规范学习者动作标准，掌握体育运动技巧，提高学习效果。

第二章 "体育微课学起来"微信公众号的创建与教学应用研究

一、公众号的创建

微信公众平台账号主要分为订阅号、服务号和认证服务号 3 种类型的公众号，不同类型的公众号在功能、使用权限和特点上有所区别。订阅号是一种功能相对简单的公众号类型，它适用于提供信息推送和订阅类服务，能够满足中小学教师技术基础和基本的信息推送以及教学资源分享的需求。因此，本研究针对体育微课学习的需求创建了一个名为"体育微课学起来"的订阅号（以下均论述为公众号），该公众号致力于推送中小学体育微课资源，为教师和学生提供高质量的数字化教学资源。创建微信公众号需使用 PC 端浏览器搜索"微信公众平台"，进入官网的登录页面后，按照创建引导分为以下 4 个步骤。

第一步：填写基本信息

微信公众号的基本信息包括绑定的邮箱地址和登录密码。在填写基本信息时，需要选择一个未被微信公众平台注册、未被微信开放平台注册、未被个人微信号绑定的邮箱地址，每个邮箱只能申请一个账号。填写完邮箱后，需要激活邮箱进行邮箱验证。然后填写公众号密码并确认密码，即可完成基本信息的填写。

第二步：选择类型

完成基本信息填写后，需要选择公众号的账号类型和主体类型。微信公众号的主体类型包括政府、媒体、企业、其他组织和个人。微信公众号一旦成功建立，账号类型将无法更改。根据研究目的，"体育微课学起来"微信公众号选择订阅号作为账号类型，并选择个人作为账号的主体类型。

第三步：信息登记

在选择账号类型后，需要进行信息登记，包括主体信息登记、管理员信息登记和创作者信息登记。主体信息登记要求提供有效的身份信息，包括真实姓名和身份证号码，以及通过手机微信人脸识别完成主体身份验证。管理员信息登记要求绑定管理员个人手机号码。若存在创作者，则还需完成创作者信息登记，并提交相应的证明材料。

第四步：填写公众号信息

在完成信息登记后，还需要完善公众号的其他信息，包括内容类目、头像、名称、介绍等。以微信公众平台为渠道的推广模式更具用户黏着性，其信息传播呈现精准化、情感化等显著特征。因此，正确的内容类目选择对于该账号资源的传播至关重要，该公众号选择了"体育健身""教育/职场"和"科技/互联网"3 个内容类目。头像是公众号的形象标识，本研究为"体育微课学起来"公众号设计的 logo 如图 4-2-1 所示，采用教育绿与运动橙两种色彩，以运动学生为主体，"V""K"——"微课"元素设计人物形象，旨在阐明该平台微课资源的宗旨以学生为主体，促进学生乐动健康为目标。通过这样的设计，公众号的头像能够直观地传达出其定位和目标，提升用户对公众号的信任感和兴趣度。

图 4-2-1 logo

微信公众平台注册条件和操作难度都不高，通过以上 4 个步骤，本研究成功创建了"体育微课学起来"公众号，并完善其信息，如图 4-2-2 所示。

名称	体育微课学起来	修改 ?
微信号	TYWK166	修改 ?
二维码	下载公众号二维码或带有搜一搜标识的二维码，用于推广与分享公众号	下载二维码
类型	订阅号	
介绍	该公众号的内容为中小学体育微课，以及微课设计与制作理论和实践经验等。目的在于为中小学体育教师及学生，提供数字化教、学资源。该账号中微课均由高校教育技术学专业教师携其课题组成员及学生研究开发。	修改 ?

图 4-2-2 "体育微课学起来"公众号

（一）公众号素材设计与制作

1. 文字素材

公众号所需文字素材包括标题、正文、推送摘要等。"体育微课学起来"标题简洁明了，同时以"推送期数 | 微课标题"为标题，直接突出微课内容的主题。推文正文文字

素材皆以所推送微课内容为原型，包括引言和动作要领阐释。根据皮亚杰儿童认知发展理论，小学生和初中生在认知发展上存在明显差异。小学生处于具体运算阶段，思维主要基于具体事物，对抽象概念理解较弱；而初中生已进入形式运算阶段，能进行逻辑推理和抽象思维。因此，小学体育和初中体育两个栏目资源的正文文字描述采用了不同风格。小学体育应简明、具体、生动，避免过多抽象概念和复杂句子结构；初中体育则可相对抽象，引入理论知识、规则等。在撰写栏目资源文字描述时，根据学生认知特点和学习需求，灵活调整风格，以促进有效学习。推送摘要是文章的概要描述，显示在用户接收消息页面上，更富趣味性的推送摘要更有利于提高用户关注度和兴趣。文字素材的特征如图 4-2-3（a）（b）（c）所示。

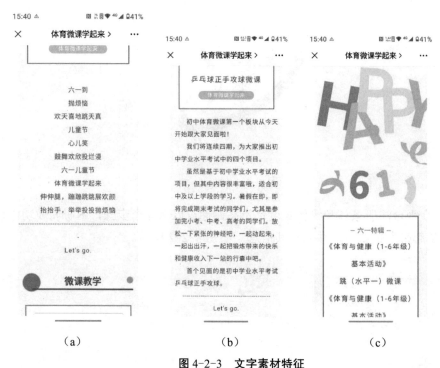

图 4-2-3　文字素材特征

2．图片素材

公众号所使用的图片素材包括封面、正文内容和修饰图片，其中正文图片素材主要来自推送的微课数字资源。除了推送微课资源外，推文还有另一个作用，即通过对视频素材中的动作要领进行进一步分解，加强学习者对动作要领的记忆，更有助于学习者明确动作要领。此外，与视频资源相比，图文资源存储容量更小，更有利于网络接收。因此，在制作图片素材之初，首先对体育微课内容进行充分分析，提取推文所需的图文素材。同时，以保证动作的连贯性，微课中的动作要领分解成 GIF 动图形式，使分解后的动图更易于学习者反复观看相应分解动作。

该公众号图片内容设计还采用了 WPS 图片模板和秀米图文模板。封面图片不仅要突出主题，还需要能够吸引学习者的视觉，并与推送内容相关联。正文部分使用统一的图文模板，以保持一致的风格。避免了使用过多复杂的图片，确保图片和文字相辅相成，呈现出和谐美观的效果。

3．视频素材

"体育微课学起来"是 2019 年天津市哲学社会科学规划课题"基于有效促进青少年身体健康的初中《体育与健康——运动实践》数字资源开发与实证研究"（项目编号：TJTY19-011）项目研究的一个重要部分。所有视频推送前都需要上传到微信公众号素材库中，加上描述、缩略图和标签，以便标注成果以及编辑推送消息时使用（如图 4-2-4 所示）。

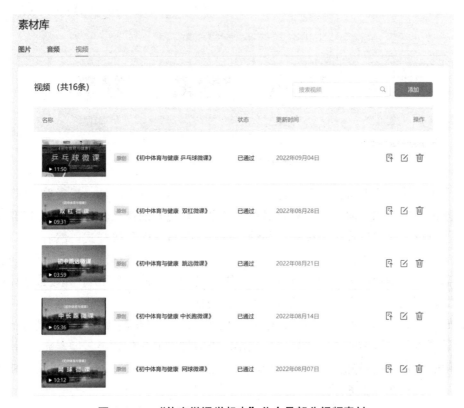

图 4-2-4 "体育微课学起来"公众号部分视频素材

（二）体育微课资源推送

1．推文编辑

微信公众平台可以直接创建文字消息或者图文消息，但在公众号内直接编辑元素容易出现排版混乱的问题。因此，本公众号采用了秀米编辑器作为微信公众号推送内容的编辑软件。秀米编辑器是一款兼容微信公众平台的编辑器，具有操作简单、排版样式多样、实时预览和修改、批量编辑、多人协作和版本管理等优点。使用秀米编辑器，用户能够轻松高效地编辑和发布高质量的推送内容。此外，秀米编辑器对用户的技术水平要求较低，更适合未来中小学教师使用。秀米编辑器页面如图 4-2-5 所示。

图 4-2-5　秀米编辑器

　　采用秀米编辑器编辑推文。首先，打开秀米编辑器的官方网站，然后选择新建文档或者选择已有文档进行编辑。在编辑器中，可以选择适合的模板作为推文的基础样式。接下来，可以在指定位置添加标题，并设置字体、字号、颜色等样式。然后，在需要插入图片的位置，点击"插入图片"按钮，选择本地图片或者网络图片进行上传和插入，并根据需要调整图片的大小和位置。在正文的位置，输入推文的内容，并设置字体样式、段落格式、列表等。还可以插入链接、引用、表格等元素。根据需要，可以调整整体的样式，如背景颜色、边框样式、字体风格等，使用编辑器提供的样式设置工具进行调整。在编辑过程中，可以随时点击"预览"按钮，查看推文的实际效果。编辑完成后，点击"保存"按钮，将编辑好的消息一键复制至微信公众平台消息编辑框内，以第九期为例，编辑完成推文如图 4-2-6 所示。

图 4-2-6　微信公众平台编辑完成的推文状态

2．消息推送

导入微信公众平台中的推文在发布之前，仍然需要对消息进行一些编辑操作。首先，需要编辑好推文的标题、结语和简介。这些部分可以吸引读者的注意力并概括推文的主要内容。其次，需要加入相关的话题，以便读者更好地理解推文的背景和主题。接下来，需要设置好推文的封面图和预览图。封面图可以作为推文的主视觉效果，吸引读者点击进入阅读。预览图则是在推文列表中显示的缩略图，起到引导读者进入推文的作用。最后，完成这些编辑操作后，即可将推文发布到微信公众平台进行推送。以第九期为例，用户接收的推送消息如图 4-2-7 所示。

图 4-2-7 用户接收推送消息图

（三）微信公众平台功能完善

1．自定义菜单栏目

栏目设定是微信公众平台运营内容规划的重要一环，可以通过自定义菜单的设置来实现。自定义菜单能够方便用户浏览和访问公众号的不同栏目，提高用户体验和内容的可导航性。每一个微信公众号最多可设置 3 个菜单，每个菜单可设置 5 个子菜单。"体育微课学起来"公众号推出内容分为小学"体育与健康"、初中"体育与健康"和"体育中考" 3 个栏目，根据推出内容本研究自定义小学体育和初中体育两个一级菜单，为初中体育菜单设定"体育与健康"和"体育中考"两个子菜单，该公众号菜单栏目设置如 4-2-8 所示。

通过合理的栏目设定和自定义菜单的设置，体育微课学起来公众号能够为用户提供清晰明了的导航，用户可以直接点击进入所需的栏目，高效获取所需教学资源。这种直观、简洁的操作方式能够提高用户的使用便捷性，同时，自定义菜单的设置也可以根据用户需求和公众号的发展情况进行灵活调整。随着公众号内容的更新和扩展，可以根据用户的反馈和需求，调整和新增菜单栏目，以便更好地满足用户的需求。

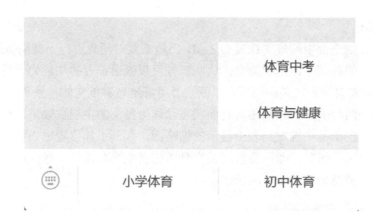

图 4-2-8 "体育微课学起来"公众号菜单栏目

2. 自动回复

微信公众平台自动回复的基本原理是通过设置关键词来触发系统自动回复，实现与用户的互动。当用户向公众号发送消息时，系统会检测消息中是否包含关键词，如果包含则会触发自动回复，向用户发送预设的回复内容。通过设置自动回复功能，可以实现对用户的实时响应和快速解答，提升用户体验和满意度。自动回复包括关键词回复、收到消息回复和被关注回复。

（1）关键词回复

关键词回复是微信公众平台自动回复的最基本形式。通过设置关键词和对应的回复内容，当用户向公众号发送包含关键词的消息时，系统会自动回复预设的内容。关键词回复功能可以满足用户随时随地解决问题的需求，用户在公众号菜单页面留言关键字，即可精确地获取到相关图文信息以及教学资源。设置关键词回复的步骤也很简单：找到基础功能项目中的"内容与互动"→点击"自动回复"→选择"关键词回复"→"按要求和需求添加回复"。

"体育微课学起来"公众号目前对体育中考栏目 4 期体育微课设定了关键词回复，即初中学业水平考试乒乓球正手攻球、初中学业水平考试篮球运球绕杆、初中学业水平考试排球正面双手垫球和初中学业水平考试足球运球绕杆。该栏目规则名称以"栏目名称－项目"为名，以项目为关键词，链接相应的图文，如图 4-2-9 所示。

（2）收到消息回复

收到消息回复是指当用户向公众号发送消息后，系统会自动回复一条已设定的提示。收到消息回复可以让用户知道自己的消息已经成功发送，避免用户重复发送消息，提高用户体验。通过设置收到消息回复，公众号可以有效管理用户留言和需求，提高沟通效率，进而增加用户黏性和活跃度。收到消息回复可以采用文字、图片、音频、视频和视频号动态 5 种形式内容。"体育微课学起来"公众号设置了文字形式的被关注回复，如图 4-2-10 所示，内容为"小微已收到，感谢您的留言！"

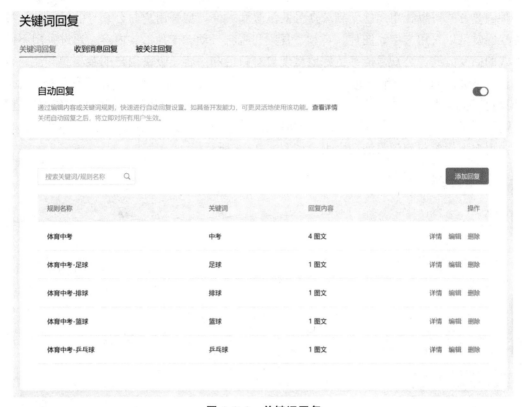

图 4-2-9　关键词回复

图 4-2-10　收到消息回复

（3）被关注回复

被关注回复是指当用户关注公众号后，系统会自动回复一条欢迎信息或相关介绍，这种回复方式可以让用户感受到公众号的温暖和关怀，增强用户与公众号的互动性。被关注回复可以采用文字、图片、音频、视频和视频号动态 5 种形式内容。通过采用不同形式的回复方式，公众号能够更好地呈现自身特色和内容，吸引用户的参与和关注。合理设置被关注回复，能够促进用户与公众号之间的互动和交流。"体育微课学起来"公众号设置了文字形式的被关注回复，内容为"欢迎关注小微，让我们一起学起来吧！"该回复简洁明了，与公众号主题相呼应，同时表达出了公众号真诚地欢迎用户的心情，并且引导用户积极参与到学习活动中去，如图 4-2-11 所示。

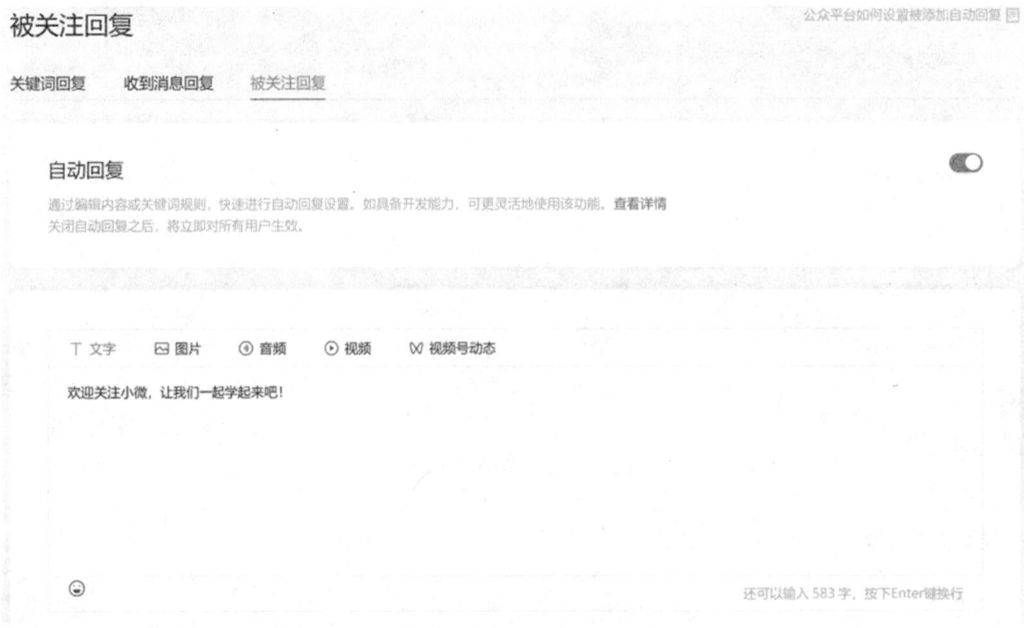

图 4-2-11　被关注回复

3．号内搜索

微信公众平台号内搜索功能是一种基于搜索引擎技术的功能。微信公众平台会对公众号发布的文章进行分析和索引，将文章的标题、摘要等关键信息存储在数据库中。用户可以通过在公众号主页的顶部搜索栏中输入关键词即可使用该功能快捷获取公众号内关联文章和内容。

设置微信公众号的号内搜索功能，首先需要保证公众号已开通该功能。其次，在编辑推文时，应该注意合理选择标题、摘要和关键词，以便更好地被搜索到。此外，还可以通过设置全局和文章级别的关键词搜索权重，来调整搜索结果的排序。预设搜索词有助于新用户了解微信公众号的文章分类和内容结构，"体育微课学起来"公众号号内搜索功能设置中预设了"初中学业水平考试""体育与健康""乒乓球"和"篮球"4 个搜索词，如图 4-2-12 所示。

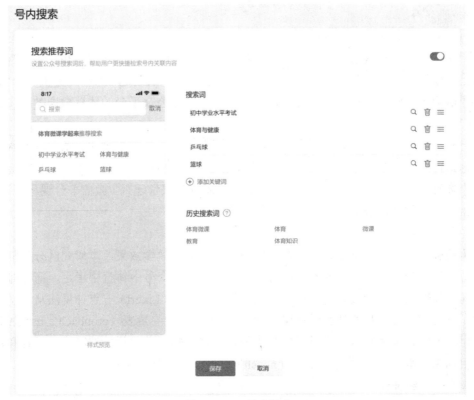

图 4-2-12 号内搜索

二、教学应用研究

数字化学习已成为学生学习的重要途径。基于此，研究团队商议用我们的阶段成果为天津市中小学体育教师和学生搭建一个资源平台，便创建了"体育微课学起来"微信公众号。微信公众号创立后，我们阶段性的发布相关体育微课成果。在体育中考前夕，我们将体育中考的乒乓球、足球、篮球、排球等的微课上到平台。通过天津市教研室将资源信息发送给了相关学校和老师。并发放了研究问卷，回收了一定数量的问卷，也得到了老师和学生的好评。依据这些数据，试针对学习者在选择项目和学习过程中的特点与对体育微课进一步要求作了充分调查。该调查在体育微课的应用上给与了课题组极大的帮助，在后续的研究中。会根据教师和学生的期待，合理地调整资源建设、发布、服务等的节奏。

（一）研究对象与方法

1. 研究对象

本研究以足、篮、排、乒乓球四期微课为教学内容，采用"问卷星"平台对应用"体育微课学起来"公众号微课资源辅助教和学的教师与学生进行调查。共收回有效问卷1059 份，回收有效问卷率为 95.84%。其中有效问卷 136 份为教师卷，923 份为学生卷。本研究在观看过微信公众号体育微课资源的 110 名教师和 631 名学生中进一步展开教学效果研究，旨在探讨微信公众号辅助中考体育微课对教学效果的影响。

2．研究方法

（1）文献研究法

用于开展教学实践前期工作。通过对相关领域的文献资料进行整理和分析，深入了解微信公众平台、体育微课在教学实践中的现状以及存在的问题，为研究提供理论依据。此外，解读国家政府教育政策要点，以此指导基于微信公众平台的体育微课教学实践。

（2）实践法

针对天津体育中考内容，开发初中学业水平考试乒乓球正手攻球、初中学业水平考试篮球运球绕杆、初中学业水平考试排球正面双手垫球和初中学业水平考试足球运球绕杆 4 期体育微课，并将四门课程纳入所建设的"体育微课学起来"微信平台课程资源中，开展为期半年的微信公众平台体育微课教学实践应用。

（3）问卷调查法

为检验"体育微课学起来"公众号使用情况和辅助教学效果，本研究区分教师和学生，分别设置教师卷与学生卷对"体育微课学起来"公众号中体育中考足、篮、排、乒乓球四期体育微课教学效果进行问卷调查，采用李克特（Likert）五点计量法从教学内容表达、学生学习态度和教师教学意愿 3 个维度设置教师卷量表（cronbach's $\alpha=0.945$，$KMO=0.910$），根据布鲁姆教学目标分类理论，从认知领域目标、技能领域目标和情感领域目标 3 个维度设置学生量表（cronbach's $\alpha=0.978$，$KMO=0.969$）。

（4）数理统计法

采用 SPSS26.0 统计分析软件处理问卷数据以及微信公众平台数据，分析"体育微课学起来"微信公众平台中体育中考微课教、学实践效果，挖掘教师及学生应用微信公众平台教学体验、需求以及特征和规律。

（二）研究结果与分析

1．微信公众平台教学实践数据分析

（1）教师应用该微信公众平台体育微课教学所倾向的时段

齐芳在《体育微课的设计范式研究》中定义体育微课是针对较完整的体育运动动作（知识元、点或单元）或战术配合较完整的内容，通过多媒体画面演示、讲解、分析。体育微课具有更直观再现体育技术动作（战术）的特点，可使复杂、快速的技术动作更易观察和学习。在本研究问卷调查中，将教学时段分为全程教学、课前预习、课中讲解、课后回顾 4 个阶段。据问卷调查，结果如图 4-2-13 所示，36% 教师更倾向将微信公众平台中体育微课教学资源应用于教学全程，包括课前预习、课中讲解以及课后回顾，更倾向应用于课前预习及课中讲解的教师比例相当，分别是 29%、28%，少部分教师更倾向于应用于课后回顾。该数据表明，教师更倾向将体育微课应用于示范和讲解教学阶段，体育微课对动作要领的全方位、多角度展现及其可随时重现的特点，一致获得中学体育教师的青睐。

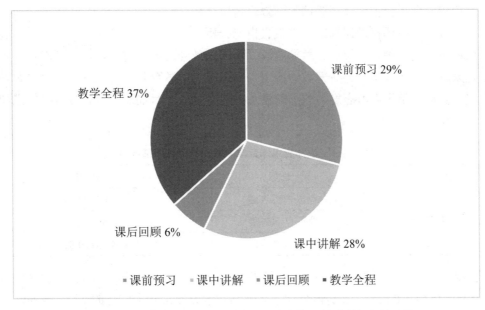

图 4-2-13　教师应用该微信公众平台体育微课教学所倾向的时段

（2）体育中考足、篮、排、乒乓球四期体育微课浏览量

微信公众平台辅助教学是轻量化、移动化、手机版的 MOOC 系统，开展信息化教学首先要建设信息化教育资源。本研究将体育中考足、篮、排、乒乓球四期体育微课设立为体育中考栏目推出，经过一个阶段的教学应用，从微信公众平台获取浏览数据发现，体育中考栏目微课浏览量 68% 来源于乒乓球项目，足球、篮球、排球项目浏览量合计占32%。此外，与初次推送浏览量相比，乒乓球项目播放次数日益增加。该数据与天津市体育中考球类项目报名数据相当，据不完全统计，2022 年该项目报考人数占总报考人数的 70% 左右，其他三大球总共为 30% 左右，天津市中考体育乒乓球项目报名人次呈逐年递增趋势。这四期微课的浏览数据以及天津市 2022 年体育中考球类项目报考数据综合反映出学生对数字化辅助学习资源的需求具有一定的应试性。数据分析结果如图 4-2-14所示。

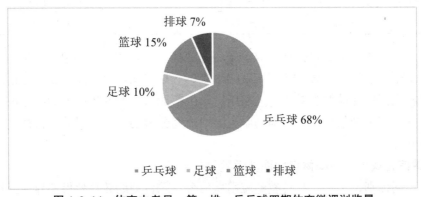

图 4-2-14　体育中考足、篮、排、乒乓球四期体育微课浏览量

2 微信公众平台辅助体育微课教学效果情况分析

（1）教师应用体育微课辅助教育效果情况分析

微课教学是一种轻便灵活、教学资源共享的高效辅助教学方式，在体育教育中也得到了越来越广泛的应用。为研究教师应用体育微课辅助教育效果情况，本研究对教师卷教学内容表达、学生学习态度、教师教学意愿 3 个维度进行描述性统计分析，结果如表4-2-1 所示。

表 4-2-1　教师应用体育微课辅助教育效果情况表

卷别	维度	M±SD
教师卷	教学内容表达	4.627±0.610
	学生学习态度	4.561±0.565
	教师教学意愿	4.651±0.525

结果显示，该公众号取得了良好的辅助教育效果，其中，教师教学意愿的均值最高（M±SD＝4.651±0.525），表明该公众号在辅助教学方面得到了广泛的认可，教师们愿意积极采用该工具进行教学。此外，研究结果还表明使用该公众号开展教学的教师们获得了良好的情感体验，这再次印证了该工具的可行性和实用性。因此，该公众号在未来有机会成为教学领域的一项重要支持工具。

（2）学生应用体育微课辅助学习效果情况分析

微课是一种高效、灵活且易于共享的教学资源，引入到体育教育中能够更好地提升学生的学习效果。为研究学生应用体育微课辅助学习效果情况，本研究对学生达成认知领域目标、技能领域目标和情感领域目标 3 个维度进行描述性统计分析，结果如表 4-2-2 所示：

表 4-2-2　学生应用体育微课辅助学习效果情况表

卷别	维度	M±SD
学生卷	认知领域目标	4.301±0.713
	技能领域目标	4.283±0.748
	情感领域目标	4.421±0.709

结果显示，该学生应用公众号取得了良好的辅助学习效果，其中，学生在情感领域目标达成水平均值最高（M±SD＝4.421±0.709）。这表明，该公众号在学生情感领域方面达到了相当好的辅助教学效果，几乎所有学生都能够获益并提高他们的达成情感领域目标的水平，应用微信公众平台辅助学生学习能充分调动学生学习的积极性，促进学习效果的提升。

3．微信公众平台辅助体育微课教学效果差异性分析

（1）不同性别、年龄、教龄教师应用微信公众平台辅助教育效果差异性分析

教学媒体的选择应当与教师的教学目标、学科特点和教学经验相适应。为检验不同性别、年龄、教龄教师在应用微信公众平台辅助教育效果中是否存在差异性，本研究对

教师性别组在教学内容表达、学生学习态度、教师教学意愿 3 个维度进行独立样本 t 检验，对教师年龄组、教龄组分别进行方差分析。结果显示，不同性别、年龄、教龄的教师样本对于教学内容表达、学生学习态度、教师教学意愿均不会表现出显著性差异（$p >$ 0.05）。这说明，微信公众平台作为体育教学媒体被教师普遍接受，应用微信公众平台辅助授课的教学效果不因教师性别、年龄、教龄而异，教师应用微信公众平台在初中学生中展开教学普遍适用。

（2）不同性别、年级学生应用微信公众平台辅助学习效果差异性分析

在中学课程以集体教学模式为主的情况下，教学媒体的选择应该综合考虑学生的认知方式和接受程度。为检验不同性别、年级学生在应用微信公众平台辅助学习中是否存在差异性，本研究对学生性别组在认知领域目标、技能领域目标、情感领域目标 3 个维度样本进行独立样本 t 检验，以及学生年级组进行方差分析。结果显示，不同性别、年级样本对于认知领域目标，技能领域目标，情感领域目标均不会表现出显著性差异（$p >$ 0.05）。这说明，学生在应用微信公众平台辅助学习中，其性别和年级不会对他们在认知、技能和情感 3 个领域的学习目标产生显著的影响。也就是说，不管是男生还是女生，初一年级学生还是初三年级学生，在使用微信公众平台辅助学习时都能够达到类似的学习效果。

（3）教学内容表达对学生学习态度、教师教学意愿相关和回归分析

据统计，80.9%的教师观看过该公众号微课资源，其中 98.2%的教师愿意推送该微课资源给学生，仍存在极少部分教师不愿意推送该平台给学生，其原因可能是教学资源内容表达质量。为检验基于微信公众平台的体育中考微课内容表达是否影响教师应用意愿以及教学质量，本研究对教师卷 3 个维度进行 Pearson 相关分析。结果如表 4-2-3 所示，教学内容表达与学生学习态度的相关系数 $r = 0.681$（$p < 0.001$）；教学内容表达与教师教学意愿的相关系数 $r = 0.634$（$p < 0.001$）；学生学习态度与教师教学意愿的相关系数 $r = 0.800$（$p < 0.001$）。

表 4-2-3　教学内容表达、学生学习态度、教师教学意愿的相关分析

	平均值	标准差	内容表达	学生反应	教师行为
教学内容表达	4.627	0.610	1		
学生学习态度	4.562	0.565	0.681**	1	
教师教学意愿	4.652	0.525	0.634**	0.800**	1

注：**代表 $p < 0.001$ 表明在统计学意义上有非常显著性差异

通过相关分析可以得出，教学内容表达与学生学习态度、教师教学意愿均存在显著的正向相关性，体育微课微课资源内容表达程度正向影响师生的教学质量。为了探究教学内容中动作要领呈现程度、教材内容的表达程度和测试要求的表述程度对学生学习态度和教师教学意愿影响的显著程度，本研究以教学内容表达为预测变量，学生反应和教师行为为因变量，采用线性回归分析，考察二者之间的关系，结果如表 4-2-4 所示。

表 4-2-4　教学内容表达对学生学习态度、教师教学意愿的线性回归分析

	非标准化系数		标准化系数	t	p	VIF
	B	标准差	$Beta$			
常数	−0.000	0.000	—	−1.777	0.078	—
动作要领呈现	0.333	0.000	0.349	977250189025.621	0.000**	3.185
教材内容表达	0.333	0.000	0.316	1099237818639.756	0.000**	2.065
测试要求表述	0.333	0.000	0.447	1378103345443.694	0.000**	2.630
R^2	1.000					
调整 R^2	1.000					
F	$F_{(3, 106)} = 8.31625988315663e+24$, $p=0.000$					
D-W 值	1.973					

注：**代表 $p<0.001$ 表明在统计学意义上有非常显著性差异

　　结果显示，在整个教学内容的设计中，学生在观看体育微课时更注重测试要求的内容（$\beta=0.447$，$p<0.001$），动作要领内容次之（$\beta=0.349$，$p<0.001$），教材内容表达更次之（$\beta=0.316$，$p<0.001$）。结合微信公众平台体育中考足、篮、排、乒乓球四期体育微课浏览数据可知，学生应用数字化学习资源时，主要的目的是能够更好地应对考试，因此学生们更多关注的是与应试考试相关的学习内容，而非纯粹的拓展和深入学习。然而，测验考试在一定程度上能够激发学生的自主学习积极性，从而提高他们对数字化学习资源的使用频率和兴趣。

　　4. 学生观看微信公众平台教学资源数目差异及原因

　　（1）不同年级学生观看体育微课资源数目的差异性分析

　　微信公众平台辅助教学价值在于能否作为学习者提高教学效果的手段。在所有调查学生中，75.6%的学生知道该公众号，其中71.5%的学生通过教师推荐得知该公众号，少量学生通过家长推荐、同学推荐或自行搜索得知，这说明学生对于教学媒体的选择大多基于教师推荐，教师推荐是学生获取和认可相关辅助教学资源的主要通道。知道该公众号的学生中，90.4%的学生至少观看过其中一集微课资源，利用卡方检验去研究不同年级观看集数，结果表 4-2-5 所示。

表 4-2-5　不同年级学生观看体育微课集数差异

题目	数目	年级（%）			总计	χ^2	p
		初中一年级	初中二年级	初中三年级			
观看数目	1 集	2 (4.65)	38 (19.39)	47 (11.99)	87 (13.79)	23.591	0.001**
	2 集	10 (23.26)	36 (18.37)	49 (12.50)	95 (15.06)		
	3 集	9 (20.93)	31 (15.82)	46 (11.73)	86 (13.63)		
	4 集	22 (51.16)	91 (46.43)	250 (63.78)	363 (57.53)		
总计		43	196	392	631		

注：**代表 $p<0.001$ 表明在统计学意义上有非常显著性差异

分析得知，不同年级样本观看集数呈现出显著性差异（$p<0.001$），通过百分比对比差异可知，初中三年级观看 4 集的比例 63.78%，明显高于平均水平 57.53%，初中二年级观看 1 集的比例 19.39%，明显高于平均水平 13.79%，初中一年级观看 2 集的比例 23.26%，明显高于平均水平 15.06%，观看 3 集的比例 20.93%，明显高于平均水平 13.63%。数据表明，初中三年级学生对体育中考相关体育微课关注程度明显高于其他年级，究其原因，初中三年级学生正处于备考阶段引发其对体育微课的关注度高，而初一学生暂无中考压力且当下课业压力较小，出于对中考体育项目了解的目的，观看数目集中在 2~3 集，初二阶段学生课业繁忙且距中考尚有时日，因此无过多时间关注课外辅助资源。

（2）学生观看资源数目对达成教学目标的差异性分析

学生观看微课集数的不同在学生个体上表现出认知水平的不同，基于不同的认知程度利用方差分析去研究观看不同集数的学生对于认知领域目标、技能领域目标、情感领域目标共 3 项的差异性，结果如表 4-2-6 所示。

表 4-2-6　学生观看集数对于学习效果影响的差异性分析

	观看集数（平均值±标准差）				F	p
	1 集（n=87）	2 集（n=95）	3 集（n=86）	4 集（n=363）		
认知领域目标	3.97±0.71	3.88±0.71	4.11±0.67	4.54±0.63	38.240	0.000**
技能领域目标	3.99±0.78	3.84±0.79	4.10±0.71	4.52±0.64	33.889	0.000**
情感领域目标	4.19±0.79	4.02±0.80	4.23±0.66	4.63±0.59	29.200	0.000**

注：**代表 $p<0.001$ 表明在统计学意义上有非常显著性差异

结果显示，学生观看微课集数对于达成认知领域目标、技能领域目标、情感领域目标的水平均呈现出 0.001 的显著性差异（F=38.240，p=0.000）。如图 4-2-15 所示，通过观看集数所有项分析对比差异可知，有着较为明显差异的组别平均值得分对比结果为"4 集＞3 集；4 集＞2 集；4 集＞1 集；3 集＞2 集"，由此可见，学生观看微课集数的增加即对知识的广泛拓展有助于提高学生的整体认知水平。因此，将微信公众平台作为教学资源载体服务于中学体育教学，拓宽了学生获取数字化辅助学习资源的途径，有助于学生获取相关知识与技能的同时，还能够提高学生学习的兴趣与自觉性，促进学习的有效性与高效性。

（3）学生未观看体育微课资源的原因

此外，调查样本中共有 67 名学生未观看该微信公众平台中的体育微课资源。根据图 4-2-15 所示结果，除了其他原因外，大部分学生没有课余时间浏览体育教学辅助资源，而另一部分学生则认为当前学习中考测试项目为时尚早，因此缺乏动力或无学习意识。进一步以年级为分组项进行列联交叉分析，发现在选择"没有时间"这一原因的学生中，有 66.70% 的学生为初中三年级学生。这表明这些学生的课业压力是导致他们无法关注课外辅助学习资源的主要原因。

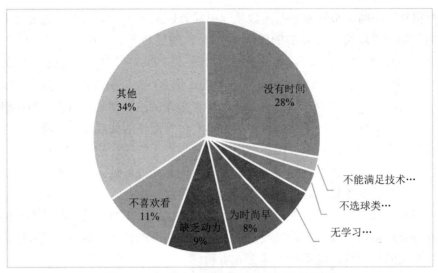

图 4-2-15　学生未观看体育微课资源的原因

（三）　研究结论

①"体育微课学起来"微信公众号中的体育中考微课适用性广，适用于辅助教学过程的任何阶段，可获得较高的教学效率，辅助教学效果良好；

②"体育微课学起来"微信公众号的体育微课辅助教学可以为教师和学生带来积极的情感体验；

③以微信公众号为平台的数字化体育学习可以作为体育辅助学习的新模式，具有可推广性。

结　语

　　随着全球教育数字化的推进，微课作为一种数字化教育资源，将对数字化教育的发展进程产生不可估量的作用。同时，对于体育教育而言，体育微课也必将成为推动体育教育改革，推动体育教育提质增效的不可或缺的资源形式。本研究的成果也势必能为体育微课的开发提供可以借鉴的规则和案例。

参考文献

[1] 理查德·E. 梅耶. 多媒体学习[M]. 傅小兰, 严正, 译. 北京: 商务印书馆, 2006.

[2] 戴维·苏泽. 心智、脑与教育: 教育神经科学对课堂教学的启示[M]. 上海: 华东师范大学出版社, 2015.

[3] 陈琦, 李儒德. 教育心理学[M]. 北京: 高等教育出版社, 2005.

[4] 汉语大词典. 汉语大词典[M]. 北京: 商务印书馆国际有限公司, 2017.

[5] 何克抗. 教学系统设计[M]. 北京: 北京师范大学出版社, 2014.

[6] 经济合作与发展组织. 理解脑: 新的学习科学的诞生[M]. 北京: 教育科学出版社, 2016.

[7] 李行健. 现代汉语规范词典[M]. 北京: 外语教学与研究出版社, 语文出版社, 2004.

[8] 洛林·W. 安德森, 等. 布卢姆教育目标分类学[M]. 北京: 外语教学与研究出版社, 2016.

[9] 王树明. 运动技能学习与控制[M]. 北京: 高等教育出版社, 2018.

[10] 尤泽清. 多媒体画面艺术基础[M]. 北京: 清华大学出版社, 2003.

[11] 张英波, 夏忠梁. 动作学习与控制[M]. 北京: 北京科学技术出版社, 2019.

[12] Mayer E. Richard. Nine Ways to Reduce Cognitive Load in Multimedia Learning[J]. Educational Psychologist, 2003, 38(1): 43-52.

[13] Curran, Tim and Steven W. Keele.Attentional and Nonattentional Forms of Sequence Learning[J]. Journal of Experimental Psychology: Learning, Memory and Cognition, 1993, 19(1): 189-202.

[14] CHOI S. Processing and Learning of Enhanced English Collocations: An Eye Movement Study[J]. Language Tea-ching Research, 2017, 21(3): 403-426.

[15] JAMET E. An Eye-tracking Study of Cueing Effects in Multimedia Learning[J]. Computers in Human Behavior, 2014, 32(3): 47-53.

[16] Marwood S, Roche D, Rowland T, et al. Faster Pulmonary Oxygen Uptake Kinetics in Trained versus Untrained Male Adolescents[J]. Medicine & Science in Sports & Exercise. 2010, 42(1): 127-134.

[17] DeLorey DS, Kowalchuk JM, Paterson DH. Adaptation of pulmonary O2 uptake kinetics and muscle deoxygenation at the onset of heavy-intensity exercise in young and older adults[J]. Journal of applied physiology, 2005, 98(5): 1697-1704.

[18] Bowen T S, Cannon D Murgatroyd S et al. Moderate-Intensity Exercise Increases Subsequent Muscle Oxygenation and Speeds VO2 Kinetics in Chronic Heart Failure[J]. Medicine and Science in Sports and Exercise, 2010, 42(5): 23.

[19] Stute K, Hudl N, Stojan R, Voelcker-Rehage C. Shedding Light on the Effects of Moderate Acute Exercise on Working Memory Performance in Healthy Older Adults: An fNIRS Study.[J]. Brain sciences, 2020, 10(11): 813.

[20] 齐芳, 孙敬, 李娟. 体育微课设计范式的研究: 天津市社会科学界第十四届学术年会优秀论文集[C]. 天津出版传媒集团, 2018.

[21] 岑健林. "互联网+"时代微课的定义、特征与应用适应性研究[J]. 中国电化教育, 2016（12）: 97-100.

[22] 董亮, 刘训. 微课融入高校公共体育课教学的实践研究[J]. 科技资讯, 2017, 15（24）: 15-16.

[23] 韩庆年, 柏宏权. 超越还原主义: 在线教育背景下微课的概念、类型和发展[J]. 电化教育研究, 2014, 35（07）: 98-102.

[24] 胡铁生, 黄明燕, 李民. 我国微课发展的三个阶段及其启示[J]. 远程教育杂志, 2013, 31（04）: 36-42.

[25] 黎加厚. 微课的含义与发展[J]. 中小学信息技术教育, 2013（04）: 10-12.

[26] 屈红林, 刘瑞莲, 周世宇. 运动生理学微课教学资源辅助平台的开发与应用研究[J]. 宜春学院学报, 2016, 38（03）: 117-123.

[27] 王志军, 王雪. 多媒体画面语言学理论体系的构建研究[J]. 中国电化教育, 2015（07）: 42-48.

[28] 王志军, 吴向文, 冯小燕, 等. 基于大数据的多媒体画面语言研究[J]. 电化教育研究, 2017, 38（04）: 59-65.

[29] 徐春建. 定义·要素·平台: 微课热潮下的冷思考[J]. 教学月刊小学版（综合）, 2021（10）: 59-62.

[30] 张艳红, 钟大鹏, 梁新艳. 非正式学习与非正规学习辨析[J]. 电化教育研究, 2012, 33（03）: 24-28.

[31] 庞慧, 李水仙, 王金胜, 等.《Ⅰ型超敏反应的发生机制》微课参赛的思考[J]. 基础医学教育, 2016, 18（09）: 758-759.

[32] 齐芳, 孙敬, 熊会安. 体育微课基本规划的"5·1"（V1.0）范式[J]. 学园, 2019, 12（11）: 23-25.

[33] 王志军, 曹晓静. 数字化学习资源画面色彩表征影响学习注意的研究[J]. 远程教育杂志, 2020, 38（03）: 65-75.

[34] 洪慧娟. "短小精悍"——论微课设计与制作[J]. 智库时代, 2019（49）: 276-277.

[35] 马国东. NIRS 技术无损检测组织氧含量在运动实践中的应用[J]. 吉林体育学院学报, 2015, 31（05）: 77-80.

[36] 谭嘉辉, 刘涛, 周兴生, 等. 注意焦点的追加反馈对模拟足球接球任务反应时影响的实验研究[J]. 广州体育学院学报, 2021, 41（2）: 48-52.

[37]张士化，邬宁宁，徐瑾，等．基于微视频和 10 分钟小课堂的血液检验技术教学创新与实践[J]．浙江医学教育，2017，16（6）：4-6.

[38]徐国栋，周超彦，龚辉，等．男子中长跑运动员肌氧含量与血乳酸浓度的对比研究[J]．成都体育学院学报，2004，30（4）：68-70+76.

[39]马国东，罗冬梅，徐飞，等．模拟海拔 4800m 急性低氧运动对肌氧饱和度的影响[J]．北京体育大学学报，2011，34（1）：54-57.

[40]沈友清，徐国栋．近红外光谱术在体育运动中的应用与展望[J]．四川体育科学，2012（2）：29-32.

[41]张腾，徐国栋，王超英．近红外光谱技术在赛前蹼泳训练中的应用与评价[J]．新乡医学院学报，2011，28（3）：272-275.

[42]戴军．体育与健康微课的选题、设计与制作——以高中《跨栏跑》为例[J]．安徽教育科研，2021（09）：47-49.

[43]沈锋．中小学体育教学中微课设计五原则[J]．中国学校体育，2016（02）：67.

[44]文东，王玉琴，吴秀园．基于认知神经科学视角的多媒体学习认知理论创新[J]．现代远程教育研究，2013（03）：40-49.

[45]常欣，王沛．认知负荷理论在教学设计中的应用及其启示[J]．心理科学，2005，28（5）：1115-1119.

[46]王建玲，李建云，孙德花．建构主义学习理论对教学的启示[J]．教学与管理：理论版，2007（5）：76-77.

[47]何鸣．线上教学以建构主义学习理论进行教学设计的思考[J]．产业与科技论坛，2022，21（6）：155-156.

[48]王建中，曾娜，郑旭东．理查德·梅耶多媒体学习的理论基础[J]．现代远程教育研究，2013（02）：15-24.

[49]王徐泽睿．基于认知负荷理论的多媒体教学设计[J]．海风，2021（5）：248-249.

[50]饶凤华．小学体育微课教学探究[J]．当代体育：篮球频道，2021（31）：0079-0079.

[51]韩景毅．北京基础教育微课学习资源应用绩效评价研究[D]．北京：北京工业大学，2016.

[52]卢张龙．内隐序列学习与注意关系的 ERP 和眼动实验研究[D]．天津：天津师范大学，2012.

[53]孙鑫."注意"在中国外语学习者的二语写作过程中作用的心理语言学研究[D]．上海：上海交通大学，2009.

[54]伊惠娟．足球脚背正面颠球动作学习对大学生注意网络的影响[D]．扬州：扬州大学，2019.

[55]刘奇岳．基于眼动仪的微课视频设计策略与学习效果研究[D]．南京：南京邮电大学，2020.

[56]张彦森．学习者在线学习行为分析及不同类型微课间的比较[D]．兰州：西北师范大学，2020.

[57]周梦哲.解题型微课中不同类型的视觉线索对学习效果的影响研究[D].郑州：河南大学，2020.

[58]刘小敏.微课中教师画面形象效果的眼动实验研究[D].芜湖：安徽师范大学，2018.

[59]杜聪聪.微课在小学体育教学中应用的实验研究[D].太原：山西师范大学，2019.

[60]张家兴.微课在高校公共体育篮球技术教学中的应用研究[D].太原：山西师范大学，2019.

[61]刘仰勋.互联网+教育背景下，微课在跳高教学中的应用研究[D].天津：天津体育学院，2020.

[62]刘启恒.微课在新疆艺术学院公共体育篮球选修课教学中的应用研究[D].乌鲁木齐：新疆师范大学，2019.

[63]葛欣超.数字化体育教学快速反馈系统在田径教学实验中的应用研究[D].石家庄：河北师范大学，2008.

[64]王俊.微格教学在高校跨栏普修课技能教学中的应用研究[D].西宁：青海师范大学，2019.

[65]范朝阳.翻转课堂教学模式在小学体育课堂中的实验研究[D].石家庄：河北师范大学，2019.

[66]江小露.自媒体教学手段在田径跨栏跑教学中的实验研究[D].金华：浙江师范大学，2015.

[67]新华社.中共中央、国务院印发《中国教育现代化2035》.[EB/OL].（2019-02-23）[2023-12-31].https://www.gov.cn/zhengce/2019-02/23/content_5367987.htm.

[68]张一春.微课是什么？我给出的定义.[EB/OL].（2013-04-23）[2023-12-31].